ファシリテーションについて

多様な市民とつくる合意

コミュニケーションとファシリテーションのレシピ

林 加代子 著

イマジン出版

目次

はじめに ……………………………………………………… 6

第1部　基礎編

第1章　コミュニケーションとファシリテーション …… 13
　1．コミュニケーションとファシリテーション ………… 13
　2．話し合いの効果 ……………………………………… 15
　3．良好なコミュニケーションの楽しさ ………………… 17

第2章　アイスブレイク ………………………………… 21
　1．アイスブレイク ……………………………………… 21
　　(1)　共通点探し …………………………………… 22
　　(2)　名前キャッチボール ………………………… 26
　2．チェックイン ………………………………………… 29

第3章　受容と主張 ……………………………………… 31
　1．傾聴1 ………………………………………………… 31
　2．傾聴2　傾聴の言語スキル ………………………… 36
　3．傾聴3　訊く ………………………………………… 41
　4．傾聴4　応用編　考えを促す質問 ………………… 49
　5．やわらかな主張（アサーション） ………………… 50
　　(1)　アサーティブに断る ………………………… 50
　　(2)　自分の気持ちを伝える ……………………… 55
　6．会話を記録する1
　　　（ファシリテーション・グラフィック） ……… 60
　7．会話を記録する2（図を活用する） ……………… 67
　　(1)　ピラミッド型 ………………………………… 68
　　(2)　親和図 ………………………………………… 69

（3）手順（矢印）……………………………………… 73
　　（4）4象限（マトリクス）……………………………… 74
　8. 会話を記録する3　応用編（ホワイトボード）………… 78
　9. 会話を記録する4　アドバンス編（マインドマップ）… 82
第4章　言語と非言語 ……………………………………… 86
　1. リフレーミング ……………………………………… 86
　2. インプロ ……………………………………………… 95
　3. ブラインドワーク1 ………………………………… 105
　4. ブラインドワーク2 ………………………………… 111
　5.「伝える」と「伝わる」……………………………… 117
　6. 伝える1 ……………………………………………… 126
　　（1）ポイント提示型 …………………………………… 126
　　（2）ストーリー型 ……………………………………… 127
　　（3）ビジョン・アクション型 ………………………… 128
　7. 伝える2　アドバンス編
　　（コミュニティ・オーガナイジングから）…………… 132
第5章　対話 ………………………………………………… 138
　1. 自分との対話 ………………………………………… 140
　　（1）SWOT分析 ………………………………………… 140
　　（2）ジョハリの窓 ……………………………………… 141
　2. 自分をアピールする ………………………………… 148
　3. 多人数の対話 ………………………………………… 153

第2部　事例編

第6章　議会、住民懇談会の事例 ………………………… 164
　1. 選挙〜講演会や集会などの場面〜 ………………… 164
　　（1）北海道沼田町 ……………………………………… 164

(2) 北海道斜里町 ………………………………… 166
　2. 住民懇談会 ……………………………………… 168
　　(1) 北海道沼田町 ………………………………… 168
　　(2) 北海道斜里町 ………………………………… 170
　　(3) 富山県氷見市 ………………………………… 171
　　(4) 愛知県東浦町 ………………………………… 173
　3. 議会 ……………………………………………… 175
　　(1) 議会事務局長として委員会を
　　　　サポートする　沼田町 ……………………… 175
　　(2) 議会連絡協議会　斜里町 …………………… 177
　4. 職員にも求められる …………………………… 178
　　(1) 職員のファシリテーター　斜里町 ………… 178
　　(2) 専門職のファシリテーターと
　　　　職員への影響　氷見市 ……………………… 179
　5. 政策実現のために ……………………………… 180
第7章　市民協働の事例 ……………………………… 182
　1. 新庁舎整備 ……………………………………… 182
　　(1) 新庁舎のワークショップ　富山県氷見市 … 182
　　(2) 新庁舎整備基本構想　岐阜県美濃加茂市 … 184
　2. 公園づくり ……………………………………… 187
　　(1) 公園基本構想　愛知県安城市 ……………… 187
　　(2) 住民が管理するポケットパーク　愛知県岡崎市 …… 192
　3. 計画づくり ……………………………………… 195
　　(1) 区政運営方針　名古屋市緑区 ……………… 195
　　(2) ごみ減量計画　愛知県武豊町 ……………… 198
　4. 条例づくり ……………………………………… 204
　　(1) 自治基本条例の策定　東京都新宿区 ……… 204
　　(2) 子ども条例の策定　愛知県幸田町 ………… 208

おわりに………………………………………………	214
参考文献………………………………………………	217
著者紹介………………………………………………	219

はじめに

　1980年代から普及してきた商品やサービスといえば、ワープロやパソコン、インターネット、携帯電話やスマートフォン、テレビゲームやネットゲーム等々。ネットで済ませられるから、トランプやボードゲーム、レコードやCDを買わなくて良いのでお店に行く必要はない。高度成長時代に家電製品を購入した家族経営の電気店は街から姿を消し大規模量販店に。今や大規模量販店のライバルは通信販売などの無店舗販売、流通となった。固定電話が携帯電話になって電話がより身近になったかと思いきや、電子メールやコミュニケーションアプリにとって代わられた。

　ITやAIが発展していくほどに、人間対人間のコミュニケーションは希薄になっていく。むしろコミュニケーションを簡素化することで、より便利になりコストは削減されるのである。こんなに便利になったということはコミュニケーションをなくすことができた、楽になった、よかった、安あがりにもなると解釈する。政治、行政、経営の各場面でも、コミュニケーションを捨象すれば、決定力がある、スピード感がある、決められる政治、行政となる。世界的ともみえるナショナリズム、保護主義、そして民主主義軽視の傾向。さらに、スポーツ界、芸能界などで起きている様々な問題も、こうしたものとも関連しているように見える。

　しかし、本来はハイテクが進めば進むほど、人と人との接触であるハイタッチが求められ、ますますコミュニケーション力が必要になる。同じ民族であると言っても、育った環境や年齢によっても異なる価値観を持っており、コミュニケーションがとりにくい。ましてや、グローバル化している社会情勢の中、異なる文化や背景をもつ人々と生活していくためには、コミュニケーションはますます重要になってくる。

コミュニケーションという側面から話し合いを促進するファシリテーションのスキル（＝技能）を見直す。参加者間のコミュニケーションを円滑にし、目標に向けた話し合いを促進すること、ファシリテーターと参加者のコミュニケーションも円滑であることが求められること。ファシリテーションのスキル向上はコミュニケーション、対話のスキル向上でもある。

　コミュニケーションは練習すれば上達できるものである。理論と練習・ワークによってどのようにコミュニケーション力を高められるのか。コミュニケーションのスキルが上達すれば、自分を認め尊重することができ、尊重することがどういうことなのかが分かれば他人を尊重することもできるようになる。ハイタッチの社会の中で生活するために必要なマインドである。

　すでに突入している知識資本社会は「信頼」がベースとなるといわれている。「信頼」しあうためにはコミュニケーションが必須。これからの社会生活には、従来以上にコミュニケーション力が求められている。コミュニケーションとファシリテーションは重なり合うものである。「促進」を意味する「ファシリテーション」は、そこにいる人々に他の人の話の文脈や背景の理解を促進し、話し合いを促進する有意義な話し合いを進めることである。その役割を担うのがファシリテーターである。その役割には、コミュニケーションの基本的なスキルが欠かせない。

　本書は、ファシリテーションを活用して、コミュニケーション力の向上のためにグループワークによる体験とその体験をふりかえり内省することを中心に置いている。教育分野で導入されてきたアクティブラーニング（能動的学習）の試みでもある。またそのスキルを活用する参考に自治体での活用事例を紹介する。

　第1部は、基礎的なスキルを講義とワーク、ふりかえりを交えて進めていく。特に、ふりかえりが成長のための大切な時間であ

るので、できるだけ時間を取るようにしたい。コミュニケーションは覚えればできるというものではなく、日々の実践の積み重ね。社会心理学者のクルト・レヴィン[1]の言うように、一つの体験を通して、自分自身で気づいたことや学びとったことは、忘れにくく身についていく。一つずつ日々のコミュニケーションの中で挑戦してほしい。

第2部は実際に効果的に活用できた事例を紹介する。複数の手法やスキルを組み合わせて、さまざまな場面で使うことができる。事例を利用しつつ修正を加えることにより、より会議の特徴にそったコミュニケーションの場をつくることが可能となる。

本書は、基本的なスキルを紹介することを目標としているので、学生向けの授業からグループワークのテーマに合わせ、行政、議会の委員会、企業、社会人の集まりにも活用できる内容となっている。

第1章では、コミュニケーションのスキルを活用したファシリテーションの概要や楽しさについて触れたい。

第2章は、コミュニケーションの始まりは、あいさつから始まる。あいさつがなければ、コミュニティをつくっていく、仲間をつくることも難しいだろう。初めて話すときにある心の壁を乗り越える「アイスブレイク」をあつかう。

第3章「受容と主張」では、受け止めることと自分の気持ちを主張するスキルについて考える。ここでは、まず「傾聴」を取り

---

[1] レヴィンは、『社会科学における場の理論』の中で、乳児を持つ母親への栄養指導について、個人的教示とワークショップを組み込んだ講習を行い、2週間後、1か月後の定着率を測定した。2週間後の定着率では個人的教示によるものは約35％、集団的決定では約85％。1か月後の定着率では、個人的教示は約55％、集団的決定ではほぼ100％であった。ワークショップ等の集団での話し合いによって、自身で気づき、獲得したことは忘れにくく、実行に移しやすいことが検証された。レヴィン（1956年）p 224～226 より

上げる。他人の話を聴くということがコミュニケーションの基本であり、受け入れられていると感じるのは話を聴いてくれていると感じた時であり、それが話している人を承認していることになる。しかし、コミュニケーションは一方的に聴くだけではなく、意見を引き出すこと、そして、自らの主張も必要となる。自己主張することは、自分の考えや気持ちを表現することであり、自分を尊重することであり、自分で自分を承認することでもある。それを実現するために、「やわらかな主張」のスキルを学ぶ。複数の人がいる中でそれぞれを傾聴しようとすると、その内容を記録していくことが必要なときが出てくる。ファシリテーション・グラフィックという記録のスキルと記録がコミュニケーションを促す方法となる。

　第4章「言語と非言語」では、コミュニケーションは言語を媒介にすることから、言語・言葉に注目して考えることになるが、言語以外の非言語の部分もある。この場合は、どのような要素を考慮してコミュニケーションしているのだろうか。

　まずは、言葉の使い方や用い方で同じ現象であっても印象が異なることに注目して「リフレーミング」をする。その効果などについても考察したい。次に、言葉を多用する「インプロ（即興劇）」を体験する。「インプロ」で学ぶ言語と非言語のバランスはさまざまなコミュニケーションの場面で役立つだろう。次に、私たちは、コミュニケーションするとき以外でも視覚からの情報を多く得ている。その視覚を閉ざすと普段とは異なるコミュニケーションが必要となってくる。「ブラインドワーク」を体験してコミュニケーションのあり方を考えてみよう。言葉の重要性を認識した後は、その言葉を活用して「伝える」ことを問い直す。自分の気持ちや主張を伝えるために必要なスキルを考えてみたい。

　第5章「対話」は、第1章アイスブレイクから第3章、言語と

非言語まで学んできたコミュニケーションの集大成である。自分に自信を持ち対等な立場で対話してほしいからである。対話は2人で行うだけのものではない。じっくりと自分自身と向き合って、新たな自分を発見する「自分との対話」、「多人数での対話」をすることでさまざまな見方があることがわかる。どのような気づきがあるだろうか。楽しみなところである。

　以上のステップを楽しみながら、コミュニケーションについて体験し、普段の生活で実践してほしい。地域や行政で重要視される住民協働、企業内の会議がともすれば、最初から決まっている方向を追認するものでないように、中立的議論として積み上げて行けるように。コミュニケーション能力とファシリテーションはますます重要になってくる。沈滞気味の日本で新しい段階を望むためには、中立的な議論が不可欠である。

第 1 部

コミュニケーション・ファシリテーションを円滑にするためのレシピを掲載する。
このレシピは解説と体感できるワーク・ふりかえりを 1 つの単位としている。
一つずつ興味のあるものからで良いので体感し、体感から得たものを日々の生活の中で実践してほしい。

第1章 コミュニケーションと
　　　　ファシリテーション

1. コミュニケーションとファシリテーション

　コミュニケーションとは、「端的に言って、意味や感情をやりとりする行為である。一方通行で情報が流れるだけでは、コミュニケーションとは呼ばない。」[2] そこでやりとりするのは主に意味と感情で「情報を伝達するだけなく、感情を伝え合い分かち合うこともまたコミュニケーションの重要な役割である。」[3] したがって、「コミュニケーション力とは、意味を的確につかみ、感情を理解し合う力のことである。」[4] つまり、言葉を介して表現されている、または言葉の裏に潜んでいる感情から発する意味を的確に捉えること、そして、相手に伝わるように的確な言葉で伝えられるようにすることが、コミュニケーションの極意となる。

　一方で、「ファシリテーション（Facilitation）とは、人々の活動が容易にできるよう支援し、うまく運ぶよう舵取りすること。集団による問題解決、アイデア創造、教育、学習など、あらゆる知識創造活動を支援し促進していく働き」[5] とされる。その役割を担うのが、ファシリテーターである。ファシリテーターは、会議だけでなく、人々の活動のプロセスをデザインし、進行していく。そのとき、ファシリテーターはリーダーではなく、むしろ黒

---

[2] 斎藤孝（2004年）p2
[3] 斎藤（2004年）p3
[4] 斎藤（2004年）p4
[5] 非営利活動法人日本ファシリテーション協会ホームページより（https://www2.faj.or.jp/facilitation/）

衣のような存在となる。あくまでも主役は参加者自身である。参加者の活動を目立たずに支援、促進していくことが理想的なファシリテーターであると言われている。

ところが、そのファシリテーターのあり方や介入が活動の内容や成果に影響を及ぼしてしまうことがある。参加者が同じであったとしても、ファシリテーターによって進行方法やタイミング、その場の雰囲気などが異なり、導き出される答えが異なってしまうのだ。ファシリテーター自身が緊張している、または固い雰囲気である場合、話し合いの雰囲気が固く、内容もそれに従うように固いものになってくる。逆に、ファシリテーターが柔らかい雰囲気であれば、話しやすくリラックスした雰囲気を醸し出しやすい。

どのような状態であってもファシリテーターは、参加者間のコミュニケーションを円滑にし、言葉で表現されている本当の感情や意味を引き出し、行動とリンクする合意形成に向かってプロセスを進めていくのである。ファシリテーションは、コミュニケーションの基礎を理解し、参加者間のコミュニケーションを促すことで、参加者だけでなく、場合によっては参加者の周囲にいる人を巻き込んで目標に向かうよう伴走することとも言える。

第1部の最後のテーマとして取り上げている「対話」の場は、コミュニケーションの側面からみると、第3章にある「傾聴」や、第4章にある「伝える」ことを繰り返して、本質は何かを掘り下げていく場であるといえる。言葉を介して本質を探究していく。すると、物事がシンプルになり、理解、納得しやすくなる。そのプロセスを経ることで話し合いの内容が自分のこととして腹に落ちてくる。そして、自主的自立的な行動が促される。

ファシリテーションの側面からみると、対話の場をファシリテートすることは、特に、スキルだけでなくマインドも必要とさ

れ、ファシリテーターのあり方や覚悟のようなものが問われるというような、なかなかに難しい場である。

2. 話し合いの効果

コミュニケーションは、相互理解のためにも必要不可欠である。コミュニケーションを続け何らかの結論を導いたり、探求したりする行為を「話し合い」と表現すると、良好なコミュニケーションが話し合いの成果に影響する。

前出のクルト・レヴィンによる実験の中に集団決定の手続き（話し合いによって決定する、合意する）を経ると、個人的な決定（講義等によって一人で決める）の手続きよりも決定事項を実践する効果が大きいことが検証されている[6]。この実験は、1940年代にアメリカ中西部の主婦に新鮮なミルクの消費を増やす講義を受けた集団とその意義を集団的決定（ワークショップなどの手法）を行った集団の2週間後と4週間後にどの程度実行されているかを調査したものである。集団的決定を行った集団の方が、講義だけを受けた集団よりも実効性が高く、2週間後よりも4週間後の方がより高まっているという結果が出ている。

その理由をレヴィンは、2点あるとしている。一つには「集団的決定が行われた場合には、熱心さは個人的偏好とは比較的独立し、個人は主として"集団成員"として動作する」とし

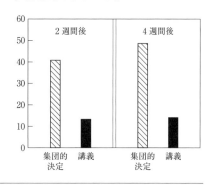

---

[6] レヴィン（1956年）p 225

ており、話し合いによって合意したことについて、個人の好き嫌いではなく、自分を含めたみんなで決めたので一緒に実行しようという気持ちになる。もう一つは「動機づけに望ましい効果があり、動機づけと動作との結合を前提とする。この結合は決定によってあたえられるものであり、講義あるいは討論によっては通常あたえられない。[7]」この実験の場合はミルクを飲むとこんな良いことがあるという動機と実際にミルクを飲むということがつながっていること（結合していること）を前提として、そのつながりは、話し合いの中ででき、そこに合意したからこそ実行されたのである。

　この実験の結果から、自主的に継続した行動を期待するのであれば、話し合いによって合意することが有効であるといえる。この合意に至る話し合いを促進するのがファシリテーションで、参加者間、参加者とファシリテーターは良好なコミュニケーションを通してつながっていくのである。

　また、コミュニケーションの力が求められる「対話」にも効果がある。デビッド・ボームによれば、対話には、「離れてしまった人々の心をくっつけるという作用がある[8]」という。ものごとをバラバラに分解して思考する分析的、科学的な思考が発達した今、人々の生活や心もバラバラになってしまった。その結果コミュニティの衰退やコミュニケーション力の低下などが起きてしまった。そこで、もう一度、人々の心をつなぎ直すためには、対話が必要であるといっている。

　昔から「話せばわかる」と言われる。この「話す」が言っているのは、一方的に言いたいことを言えばいいというのではなく、

---

[7] レヴィン（1956 年）p226
[8] デビッド・ボーム（2007 年）p45

お互いに話を聴き合い、相手に伝わるように伝える努力を含んだ対話のことである。

　実際に、民族間の紛争を対話で解決に向けているファシリテーターやコミュニケーションの研究家もいる。分断された心は、コミュニケーションの一つの形である対話によって歩み寄ることができるようである。

3. 良好なコミュニケーションの楽しさ

　ワークショップや対話の場に参加者としてそこにいるとき、良好なコミュニケーションが続いていると、自分を表現して受け入れられている感覚、承認欲求が満たされ、充実感もある。さらに、話し合いの成果に対して自分の意見も入っていると思えると、有用感や達成感があり、その成果に対するコミットメントが高くなる。このような話し合いの場にいることは、楽しい。

　ファシリテーターとして話し合いの場にいるときは、参加者としているよりも、さらに楽しい。事前に描いたようにいかず、たいへんなことも多々あるが、参加者の充実した表情を見ることができるのだから。

　良好なコミュニケーションが行われている話し合いを、ファシリテーターが関わる「プロセス（過程、感情など）」と「コンテンツ（話の内容）」という二つの側面から捉えてみる。プロセスの過程面では、場のしつらえが適切であったり、話し合いの過程を矛盾なく進み成果に辿りついたりしたときなどに良好であることを実感できる。感情面では、ワークショップや対話の最中に熱心に話している姿を見るときや、直後のアンケートで、「一体感があった」「普段話せないことを話せてすっきりした」というコメントには参加者に悦ばれていることが表れている。コンテンツ

の面では、話し合いの内容も表面的なものではなく、深く掘り下げた経緯がわかる内容となっているのを見るときや自由な発想のもとで出たアイデアを見るときなども、参加者もファシリテーターもやってよかったという充実感や安心感を覚える。そして、参加者が納得した合意形成ができたとき、その後の実行の様子がわかり、コミュニケーションが促進されている、充実していると推測できる。

プロセスの具体的な事例では、半年かけて行った地方創生に関わる、女性活躍のための事業を検討する女性だけのワークショップで、7つのテーマが提案された。市民9名と行政職員の参加者に、次年度、この7つのテーマのうち、どのテーマに関与していきたいかというヒアリングを行ったところ、積極的にどれも関与したいという回答があった。これは、ワークショップのデザインに後述する「ワールドカフェ」方式を採用し、全員で7つのテーマについて検討できるように配慮した成果であろう。

コンテンツの事例では、小学校6年生に向けた租税教室をアクティブラーニングで行った。このときの小学生のアイデアや、クラスの他の子どもが書いたアイデアに刺激されて書き足したものを見ると、大人の予想以上の小学生の意識の範囲の広さ、柔軟さ、素直な思いをアイデアとして出してくれたことがわかる。そして、ふりかえりでは、小学生自身も予想していなかったアイデアが出たようだ。講義型の授業だけでは分からなかった「税金」の目的や使途などについて分かったという言葉も多くあった。お互いに学び合う場を促進できたようだ。例えば、ふりかえりシートに、「自分の楽しみのために税金を使うのは良くないと思う」「もっとたくさんの人に役立つようなことに使う方いいと思う」という記載があった。欲を言えば、税金の使途のアイデアについて対話する時間があれば、さらに対話が深まっただろう。このよ

うなコメントが出てくるのは、自分で税金は何ためにあるのかを考えたからこそ、見つかった対立点である。内容が深まった事例といえる。

　大学の授業でも、自分に対して否定的であった学生（意外に多いことが判明した）が、自分を認め肯定できるようになったというコメントをくれることがある。このコメントを見ると、この手法でやって良かったと、グループワークの効果を実感できる。

　ワークショップ後の実行とのつながりの事例では、道に沿っていくつかのポケットパークを造り、その維持管理を地元住民に依頼することになっていた。そのとき、せっかく自分達で普段の維持管理をしていくのであれば、少しでもポケットパークに愛着を持ってもらったほうがより良いのではないかということで、ポケットパークのデザインワークショップを地元の住民と行った。さらに、ポケットパークの完成前から住民が関われるようなイベントを企画し、小さな面積ではあるが、住民の憩いの場になることを目標とした。藤の木を植えたポケットパークでは、その木に花が咲くのは十年以上かかるのではないかといわれていたが、住民の手入れのお陰で植樹して３年で花が咲いたのだ。翌年は「藤まつり」をしようという企画が持ち上がっている。

　もう一つは、近接する５つの町内で女性のボウサイまちづくり会議を開催している。将来的には自主的に活動していく団体になることを念頭にプロセスをデザインした。グループヒアリングから始めた会議が、その後、町内に防災の情報をどのように広めていくかという内容に自主的に変化していった。今では、毎月１回集まり、まじめに楽しみながら、その町の防災について生活者の視点から課題を出し合い、活動している。

　中高生を集めて行った「子ども会議」ではワークショップで防災について考え、自分たちにできることを考えた。そのワーク

ショップで積極的に参加してくれていた高校生が防災を意識する契機となったようで、ユニセフの高校生を対象とした防災プログラムに生徒会として参加した。ワークショップで話しあったことが動機となり、なにか行動を起こしたいという気持ちになり、検討した結果なのであろう。ワークショップで持った気持ちを大切に育て、自主的に発展させたのだ。

　これらの場合は、いずれも、その場限りのワークショップをデザインするのではなく、ワークショップを一つのツールであると認識する。ありたい姿を共に描き、その実現のためのデザインを行い、ワークショップや対話を行っていた。目標をどこに置くのかによって、成果が異なってくるようだ。1回、数回であっても目指すところ、その中での位置づけを常に意識して進めていくことがポイントとなってくる。そして、良好なコミュニケーションが行われるようにファシリテートすることで、参加者のその後の行動に影響が及ぶ。

第2章　アイスブレイク

　「アイスブレイク」。その名の通り「氷を砕く」意味で、誰もが持っている初期不安を緩和し、心の壁を乗り越えるコミュニケーションの第一歩としてその後の交流を促進する。アイスブレイクで初頭効果を向上させる。その後のコミュニケーションを円滑にするという効果がある。

1. アイスブレイク

　初めて会う人、初めて話す人との会話は苦手という人は多い。多くの人にとって自分から話しかけるのはなかなかの勇気がいる。それもそのはず、私たちには「初期不安」というものがある。初めて会う人、初めて話すときには「この人はいったいどういう人なのか」「どんなことを話せば間違いがないのか」など、相手のことや対応がわからないため不安な気持ちになる。また、「初頭効果」という、初めて話すときの印象がその後の印象を決めてしまうことを経験上知っており、自分に対しての良い印象を持ってほしい、知らないと恥ずかしいという気持ちなどから、さらに話しかけにくくなってしまうこともある。
　これらは、誰でも持っている心理なので特別なことではないが、この初期不安を解消または減少させ、今後のよりよい関係を築いていくために有用なのが「アイスブレイク」。「アイスブレイク」には、ゲーム感覚で楽しみつつ行うアクティビティの種類が数多くある。これらを日常生活の中でそのまま利用することは難

しいとしても、このスピリットをもって初めての人や初めての場面に臨むと、自分の心の氷も砕き、心の壁が低くなり、交際する人の幅が広がっていくことになる。

(1) 共通点探し

「共通点探し」で自己紹介を兼ねたアイスブレイクをしてみよう。「共通点探し」は話しかける、自己紹介するなどの場面で、初対面の人と話すときに活用できるアクティビティである。

ワークとして行うだけでなく、日常の場面で初めての人と話をするときに、どんなことを話せばいいのかが分かってきたり、話しかけやすくなったりする。話しかける目的が明確であればさらに話しかけやすい。共通点を探す気持ちで話しかければ初めての人ともずいぶん話しやすくなる。

共通点探しのアクティビティ後は、お互いにリラックスでき、親しみを感じるようになったり、次に会ったときに話しかけやすくなったりする。できるだけ多くの人に話しかけて、交流する機会を増やそう。

ワーク：共通点探し

① 各自1枚のシートとペンを持って席を立つ。
② ペアの相手を探す。
③ 相手の名前を聞いて記入。
④ 2人の共通点を話し合って探す。

共通点を探すときは、趣味や兄弟、好きな色など話をし

てみないとわからない共通点を探すこと。お互いに眼鏡をかけている、今この研修を受けているなど、一目でわかる内容ではないものにする。

　参加者数にもよるが、10分から20分程度の時間を取って行う。

ふりかえり
① やってみた感想は？　初めての人達との距離感は縮まりましたか？
② 名前と顔が一致しましたか？
③ 名前キャッチボールをする前と後との気持ちの違いは？

共通点探し

①名前を交換。
②お互いの共通点を探しましょう！
ただし、一見してわかる項目は×とします。

	名　前	共通点
1		
2		
3		
4		
5		
6		
7		
8		
9		
10		

ふりかえりシート

日付

1. 共通点探し

①やってみた感想は？

②始める前の気持ちは？

②終わった今の気持ちは？

③どんなところが違いますか？ それはなぜだと思いますか？

(2) 名前キャッチボール

アイスブレイクの方法はたくさんある[9]。身体を使った方法を一つ紹介しよう。

「名前キャッチボール」といい、20人程度までで、全員の名前を覚えたいときに適している。全員で円になり、柔らかいボールやお手玉などを使って、名前を呼びながらキャッチボールする。

ワーク：名前キャッチボール

① 全員で輪になる。
② 自分の名前を言って、隣の人にボールを渡していく。
③ 一周したら、投げる相手の名前を呼びながら、ボールを投げる。
④ 一通り、全員が名前を呼ばれたら、ボールを増やしてキャッチボールを続ける。
⑤ 様子をみて、ボールを適宜増やしていくとメリハリが出て、盛り上がる。

ふりかえり
① やってみた感想は？
② 始める前の気持ち、終わった後の気持ちは？

---

[9] どのようなアイスブレイクのアクティビティがあるのかについて、日本ファシリテーション協会のホームページにさまざまなものが紹介されている。
https://www2.faj.or.jp/facilitation/tools/

③　どんなところが違いますか？　それはなぜだと思いますか？

ふりかえりシート

日付

1.　名前キャッチボール

①やってみた感想は？　初めての人達との距離感は縮まりましたか？

②顔と名前が一致しましたか？

②終わった今の気持ちは？

③名前キャッチボールをする前と後との気持ちの違いは？

2. チェックイン

　アイスブレイクは、ウォーミングアップという意味では顔見知りの間でも効果がある。

　顔を合わせたことがある、いつも一緒に授業を受けている人や仕事をしている人とでも、「今からミーティングや会議を始める」というときには、「チェックイン」をすると話しやすくなる。「チェックイン」というと、ホテルの宿泊前にする手続をイメージするように、あいさつのような一言を入れることで「今から始めるよ」という手続きと重なる。今からミーティングや会議を始めるぞと気持ちの切り替えをしやすくなる。一言ずつ話すことが口慣らしとなるので、その後の話し合いで意見を言いやすくなるなどの効果がある。そのときの気分や体調等を話してもよい。

　例えば、「この1週間で感動したこと」「今の気持ち」など一つのテーマについて、一人一言、一人30秒などと決めて全員が一言ずつコメントする。

　「チェックイン」で始まった会議は、「チェックアウト」で終わる。ホテルも「チェックアウト」をして退出するように、ミーティングや会議も一言語る「チェックアウト」することで、これでミーティングは終わりという気持ちの区切りができる。ミーティングのときの気持ちを一旦保留できる。また、会議を簡単にふりかえることができれば、内容を忘れにくくなる、気づきを促す、結果を共有するなどの効果も期待できる。

　このとき、話している人以外は口を挟まないこと、批判しないことをルールとしておきたい。それは、せっかく心を開くチェックインの機会に批判的なコメントをされると、その後の話し合いにも影響が出てしまったり、心にしこりができてしまったりすることもあるからである。カーリング女子の「そだね」である。

アイスブレイクは、地域で開催されるワークショップや研修など初めて会う人が多いときや、これからグループで何かを生み出していこうとするときなどに活用できる。特に婚活パーティなどでは、お互いの距離を縮め、親しみを持つことが目的であることを考えると、アイスブレイクをいかに活用して初期不安を取り除くかがカギである。いくつかのアイスブレイクを組み合わせて行うと効果的である。

第3章　受容と主張

　コミュニケーションの重要な要素として、話している相手を受容することがある。相手を受容することで、相手から信頼される第一歩となる。受容を表現する一つの方法として、この章では「傾聴・積極的傾聴（active listening）」を取り上げる。

　また、受容するだけではコミュニケーションは一方的になってしまう。そこで、言いにくいこと、断りにくいことを自分の意見を主張する「やわらかな主張（assertion）」として体験してみよう。

1.　傾聴1

　「きく」には3つの漢字がある。一つは「聞く（hear）」耳で聞く、聞こえている。二つめは、「聴く（listen）」全身を傾けて相手の言わんとしていることを心できく。三つめは、「訊く（ask）」こちらから知りたいことを尋ねる。質問することで知りたいこと、相手の言いにくいことを、より引き出すことができる。ここで扱うのは、「聴く」である。

　傾聴の「傾」は、物が全体として、平らな有様から右か左か、前か後か一方に斜めになること[10]である。また、「聴」は、積極的に意識して音に耳を傾けること[11]である。従って、傾聴とは耳

---

[10] https://www.google.co.jp/search?client=opera&q=傾くとは&sourceid=opera&ie=UTF-8&oe=UTF-8 より

[11] http://manapedia.jp/text/1457 より

だけではなく、心を傾けて聴くことである。だが、傾聴するには、耳から入ってくる言語の情報だけでなく、非言語と言われる、相手の動作や声の強弱・速度・トーンなどにも注意を払い、「この人の言いたいことは何だろう」「何に関心をもってこのように言っているのだろう」と心を傾け、内容を要約できるようにしながら聴くことも必要になる。

　傾聴はさまざまな場面で活用され、さまざまな職種でも必要とされる。人の話を聴くカウンセリングやコーチングは無論のこと、看護師、栄養士など人と接する職業にもそのスキルは必要とされる。その他の職種でも、人を相手にしたり、コミュニケーションをとりながら進めたりする場面では必要となる。日常生活の中でも、友人や家族の話を聞く場面が多々あるが、そのときに、しっかりと聴いているという態度であれば、信頼や満足を得られる。傾聴ボランティアというボランティアがあるほど、人は話を聴いてほしいものだ。

　傾聴は、信用を得るためのスキルでもある。傾聴によって、相手の言うことを受け止め、共感を示すと、相手は、この人に受け容れられたという安心感をもつ。そして、相手の心が傾いていき、信頼が生まれていく。

　また、前出の「聴く」に「訊く」を加えた、積極的傾聴（active listening）と言われる傾聴がある。積極的傾聴では、①発言の内容だけでなく、その背後に隠れている本当に言いたいことは何かまでを探りながら聴くこと②言葉の内容だけでなく、口調や表情、態度などの非言語メッセージにも注意をしながら聴くこと③話の内容に興味を持つようにして、わかろうと思って聴くこと④うなずいたり、相づちをしたりして、自分からも聴いているというシグナルを送ること⑤話の内容については、評価したり、判断したりせずに、ただ理解しようと思って聴くことが必要である。

ただ、その前に心構えとして、相手の良い点を見つけよう、ためになることがあるはず、この人とは仲良しだと思って（場合によっては、自分に言い聞かせて）聴くことを持っていると、傾聴に専念できる。

　ここで、傾聴における非言語のスキルを簡単に説明しておく。①視線（相手がどこを見ているか、自分は相手の胸元を見るなど）②表情（話の内容に合わせて聴き手は表情を変える）③姿勢（体全体を相手に向ける）④座る位置（2人のときは、向きあっている角度は120度ほどが良いと言われている）⑤うなずきや相づちなどの聴いているサインを送ることなどがある。

　傾聴の前に、相手との距離感や安心感などを築いておくことも大切である。これらを整えるために、心の架け橋を架ける（ラポール）を心がけたい。ラポールは物理的な動作で相手との距離感を縮めるための方法であり、ミラーリングとペーシングが代表的である。

　ミラーリングは、鏡を見ているように、相手と視線や目の高さを合わせたり、相手の動きを観察して大まかな動きに合わせてみたりすることである。例えば、相手がお茶を飲んだら自分も飲む、相手が手を合わせたら自分も合わせるなど同じ行動をすることである。ただし、相手の行動後すぐにミラーリングをすると、相手の気分を害することもあるので、時差をつけて行うとよい。1分以内であれば効果は期待できるとの説もある。

　言葉遣いや絵文字の使い方、改行の仕方、返信のタイミングなど、メールでも使えそうである。自分の出すメールと同じ感覚の返信がくると、自分に近い感覚の人だと思い、距離感を近づけてもよいのではないかと感じるようである。

　ペーシングは、動作や話のテンポなどを相手のペースに合わせたり、近づけたりすることである。相手のペースに合わせている

と、徐々にお互いの気持ちが落ち着いてくる。話をする、傾聴する心の準備が整っていくのである。

ワーク1：ミラーリング

① 2人1組になる。
② Aさん、Bさんを決める。
③ AさんとBさんは向かい合って立つ。
④ Aさんが任意のポーズをする。このとき、Bさんは2〜3秒遅れてAさんと同じポーズをする。
⑤ Bさんがポーズをとったら、Aさんは別のポーズをする。Bさんは2〜3秒遅れてAさんと同じポーズをする。これを繰り返す。
⑥ 1分経ったら、AさんとBさんの役割を交代して1分間行う。

＊ポーズをとることに集中すると、気持ちがわからなくなることがあるので、時折、自分の感情に焦点を当てることを心がける。

ふりかえり
① 相手が自分と同じ動きをすると、どんな気持ちになりましたか？
② 相手と同じ動きをすると、どんな気持ちになりましたか？
③ ワークをする前とした後の相手に対する気持ち、自分の気持ちはどのように違いますか？

ふりかえりシート

日付

ミラーリング

①相手が自分と同じ動きをすると、どんな気持ちになりましたか？

②相手と同じ動きをすると、どんな気持ちになりましたか？

③ワークをする前とした後の相手に対する気持ち・自分の気持ちはどのように違いますか？

2. 傾聴2　傾聴の言語スキル

　相手の話を聴くためには、相手の話した内容を復唱し言語化することも勧めたい。復唱することによって、相手は「自分の話を聴いてくれている」と感じ、承認欲求が満たされ、信頼が増す。

　復唱には、4段階のスキルがある。①話の最後の言葉（語尾）を繰り返す。いわゆるオウム返しである。②キーワードを繰り返す。話の中から出てきたポイントとなるキーワードを復唱する。③言い換える。相手の話の中の言葉を自分の言葉に言い換えて伝える。より理解が深まるとともに、相手からの信頼も高くなる。④要約する。相手が話した内容を変えずにまとめて、伝える。③④では、正確に復唱すれば、「そうだ」という返事を引き出せ、相手にも自分にも言いたいことが確実に共有できていることが確認できる。相手は、自分が言いたいことが伝わっているとわかると安心する。

　相手の話に共感できれば、傾聴はスムーズに進んでいく。しかし、いつでも共感できることばかりではない。傾聴では、同じように感じる・考えるということまでは要求しておらず、相手の話を否定せずに受け止める程度でよい。受け止めるとは、一旦、投げられたボールをキャッチする程度の意味で、自分の意見を変えて相手の話に同感することまでは求められていないのである。

　ただ、相手の意見と自分の意見がまったく異なっており共感を示すことが難しいときもある。そんなときには、否定せず、「ああ、そういうこともあるかもしれませんね。」「なるほど」と受け止められればよい。そのときは、YES ANDを心がけて傾聴に努めると心の負担が軽くなる。YES ANDは、一旦受け止めて（YES）、それを活かしてこういうのはどうかな（AND）と提案するコミュニケーションの方法である。否定や拒否感から入る

と、提案するどころか相手に自分を拒絶されたととられてしまい、その後の話が進まない可能性が大きい。始めは、自分をごまかしているのではないか、自分に忠実ではなく嘘を言っているのではないかと、YESということ自体を疑うこともあるかもしれない。実際にそのような感想を寄せる人もいた。しかし、否定せず、YES ANDで聴いていると、会話が進むにつれて、だんだんと相手の言いたいことが見えてきて、自分の気持ちが軽くなってくることもある。

　受け止めるのではなく、受け容れるとなると、自分の価値観との違いを感じ、その感情を抑え込んで相手に合わせることになる。受け止めるのであれば、そのつらい感情が緩和されたり、自分の意見を一旦保留しておけるので相手の意見を素直に聴くことができるようになったりすることも少なくない。また、一旦受け止めておくと、話を整理しながら聴くことができるようになる。そうなると、相手の話に興味がわき、もっと聞いてみようという気持ちになってくることもある。まずは、否定や評価をせずに話を聴くことから始めてほしい。

　今までは傾聴する聴き手の立場で考えてきたが、話し手の立場になってみると、自分の話を否定せずに聴いてくれると自分のことを認めてくれたという気持ちになる。そのことで、話し手は、自分の存在を実感でき、承認欲求を満たすことができる。話し手は傾聴されることによって自分に自信が持てるようにもなってくる。

　傾聴をはじめとして、人と話をしたり、コミュニケーションをとったりすることなどが上達するには、「慣れる」こと、実践を積むことが上達への近道である。失敗を怖がらずにふりかえりをしながら続けていけば、必ずスキルアップしていく。

ワーク：YES AND

何を言っても大丈夫だという経験をして、そのときの話し手、聴き手の感情を観察する。

① 2人1組になる。
② Aさん、Bさんを決める。
③ Aさん、Bさん、Aさん、Bさん…の順にテーマに沿った会話を続ける。
④ 会話の仕方を「そうだね（YES）」の次に「それを活かしてこうしましょう（AND）」として続ける。1分
⑤ Aさん、Bさんの役を交代する。1分

（枠に縛られないテーマや内容にすると言われると難度が少し高いかもしれないが、想定外の回答に対するYESを引き出すためには、できるだけ突拍子もない内容の方が良い。そして、実は意外に楽しい。実際の場面で遭遇したときには、この楽しさを思い出して対応してほしい。）

例

A：旅行に行きましょう。
B：そうですね。では、旅行先は火星にしましょう。
A：そうですね。火星でどのくらい飛び上がれるか試してみましょう。
B：そうですね。火星へ行く途中で月にも立ち寄りましょう。
A：そうですね。月でウサギと散歩しましょう。
などと繋げていく。

ふりかえり

① 自分の意見が必ず「YES」と言われると分かっていて、話

をしたときの気持ちはどのようでしたか？
② どんな意見にも「YES」と受け止めるときは、どんな気持ちでしたか？
③ ワークをする前とした後の相手に対する気持ち、自分の気持ちはどのように違いますか？

ふりかえりシート

日付

YES AND

①自分の意見が必ず「YES」と言われるとわかっていて、話をしたときの気持ちはどのようでしたか？

②どんな意見にも「YES」と受け止めるときは、どんな気持ちでしたか？

③ワークをする前とした後の相手に対する気持ち、自分の気持ちはどのように違いますか？

傾聴3　訊く

　話が展開していくときは、発散のフレーズと収束のフレーズを繰り返していく。発散のときは発散に集中させると十分に発散してから収束のフレーズに入ると話したいことを話した後なので、信頼感と納得感が醸成される。発散の途中で話題を切り替えたり、話を区切ったりすると話し手のほうは「この話には興味がないのかな」「この人は私の話を聴いてくれない」と思ってしまうことがある。こうなっては傾聴にならない。傾聴を促進させるために「訊く、質問する」というスキルがある。

　質問の第1段階として、クローズドクエスチョンとオープンクエスチョンがある。クローズドクエスチョンは、閉じた質問とも言われており、話を収束させていく、まとめる場面で使うことが多い。クローズドクエスチョンは、例えばYESかNOで答えるような、選択肢をいくつか示して答えを求める質問である。クローズドクエスチョンを使うと、以下のような効果がある。①選択肢があるので会話が詰まりにくい。②アイスブレイクの節でのワーク「共通点探し」で共通点を探していたときのように、まだ親しくない人との間で使うと、相手との距離を徐々に詰められる。③選択肢を示すので、答えを素早く得ることができる。④曖昧になっている内容を明確にすることができる。⑤提示する選択肢で話題をコントロールできる。

　逆に、①選択肢を提示するので選択肢への回答だけになってしまい、話が広がっていかなくなり、気まずい雰囲気になってしまうことがある。②気まずい雰囲気になると相手との距離を縮めていくことが難しくなる。③クローズドクエスチョンで質問され続けると尋問されているように感じてしまうということがある。

　オープンクエスチョンは、開いた質問とも言い、話を発散さ

ていく、心を開いていく場面で使うことが多い。そのようなときは、5W1Hで訊くときききやすい。5Wは、いつ（When）、どこで（Where）、誰が（Who）、誰と（Who）、何を（What）、なぜ（Why）、1Hはどのように（How）である。オープンクエスチョンの効果は、以下のようなものがあげられる。①話題が広がり、話が盛り上がるので、親近感が増す。②聴き手の予想していないアイデアが出ることがある。③質問によって話し手にも新しいアイデアや気づきが生まれることもある。どのようなことを話したら良いか、何を聞いたらよいかと迷った時には、オープンクエスチョンで問いかけると、質問しやすくなり、コミュニケーションをとりやすくなる。

　逆に、①答えの範囲が限定されないことから、答えにくかったり、何を期待されているのかと探られたり、答えを思いつかなかったりする場合がある。②答えを得るまでに時間がかかることもある。③答えるのに信頼関係が必要な場合もある。

　日常の会話の中でつい、なぜ、どうして（Why）という文言を多用していることがある。なぜを多用されると、クローズドクエスチョンの逆効果にもあったように、尋問されている、責められているような気になってしまうことがあるので、何を（What）で訊くようにすることが好ましい。例えば、「なぜ、それをしたのか」と質問したい場合に「それをした原因は何なのか」と質問すると、主語がヒトからモノになり、ヒトとコトを切り分けて考えることができるので、話し手は責められているような気持ちになりにくく、冷静に原因を考えることができる。

　傾聴しているときに、質問を入れながら自分の話を聴いてくれる人に対して、話し手は自分に興味をもってくれていることを実感し、親近感を持つようになり、信頼が生まれてくる。ただし、オープンクエスチョンだけ、クローズドクエスチョンだけで傾聴

や話し合いを進めると、信頼感の醸成や意見を引き出すことは難しく、相手も疲れてしまうので、オープンクエスチョンとクローズドクエスチョンを織り交ぜながら傾聴するとよい。

> ワーク：イラストを見て質問を考えよう

① 個人ワーク。イラストを見て、質問をシートに記入する。3分
② 近くの3〜4人でどんな質問を作成したのかをシェアする。

ワークシート

1. クローズドクエスチョン

	どんな質問が浮かびますか？
YES or NO？	
選択肢のある質問	

2. オープンクエスチョン

	どんな質問が浮かびますか？		
	左の人物の視点	右の人物の視点	第3者の視点
When			
Where			
Who			
What			
Why			
How			

観察者用シート		
時間	できごと	そのときの様子

ワーク2「傾聴で成功体験を引き出す」

Aさん、Bさん、Cさんの役割を順に交代して3セット行う。
① 3人1組になり、Aさん、Bさん、Cさんを決める。
② 最近、がんばったこと、うまくいったこと、感動したことは何ですか？

この中の一つをテーマに選んでAさんが話す。

Bさんは傾聴、Cさんは観察

観察の方法は、始まって何分頃、どんな質問に対してどのような回答があったのか、そのときの話し手の表情、観察者からみた様子などを観察者用シートに記録する。全体の表情、2人の距離、声の調子などもできれば観察しておく。Bさんの質問のサポートも可。3分

③ ふりかえり　5分

Aさんは話を聴いてもらった感想、質問されて答えた感想などを話す。

Bさんは、傾聴した感想。質問はできたか？　否定しなかったか？　自分の判断を入れなかったか？　など。

Cさんは、観察した結果をIメッセージ[12]でフィードバックする。

ふりかえり
① 話していたとき、聴いてもらっていると感じましたか？　それは、どんなところですか？
② 話を聴いているとき、話をしている人に集中できましたか。

---

[12] I（アイ）メッセージとは、自分を主語にして「自分はこのように感じた。」「（私には）このように見えた。」「自分だったら、こうしてほしいと思うだろう。」というように、フィードバックする。

そのとき、どのような気持ちでしたか。
③　観察して、気づいたことはどのようなことですか。
④　ワークが終わったとき、どんな気持ちになりましたか。

ふりかえりシート

日付

傾聴のワーク

①話していたとき、聴いてもらっていると感じましたか？ それは、どんなところですか？

②話を聴いているとき、話をしている人に集中できましたか？ そのとき、どのような気持ちでしたか？

③観察して、気づいたことはどのようなことですか？

④ワークが終わったとき、どんな気持ちになりましたか？

4. 傾聴4　応用編　考えを促す質問

　傾聴している場面や話し合いの場面で、話が行き詰ってしまうこともある。そのようなときには、視点を変える質問を活用すると硬直した状態を打開できることがある。

　一つは、過去ではなく未来へ向けた質問（オープンクエスチョン）である。過去に目を向けた質問を続けると、質問された相手は自分が責められているような感覚になってくる。例えば、「なぜ、そんなことになったのでしょう」と質問されたときを想像してみよう。このような表現である場合、信頼を得るどころか逆効果になってしまう場合もある。過去は変えることができないので、過去についての質問は、事実確認のみとしよう。その後に、例えば、どのようにしたいのか、ありたい姿はどのようもので、どう進んでいけばよいだろうかなどの、変えることができる未来に向けた質問にする。すると、過去へのこだわりや原因追及ではなく、今後のことに思考が向き、アイデアの発散が進む。そのアイデアの実現のためにどのようにすれば良いのかなど積極的な考えが促されるようになる。

　二つめには、否定形ではなく肯定形にする（オープンクエスチョン）。「～ない」という否定形が入っている質問である。「どうして、できないの」「まだ、やってないの」などときかれると、ネガティブな気持ちになる。これを肯定形の質問に変換して、「うまくいくようにするには、どうしたらいい？」「いつ、できそう？」と聞かれれば、ポジティブな気持ちになり、課題解決に向けて自発的な行動を促すようになる。

　三つめは、質問の発展形として、根源を再認識する質問がある。話し合いが行き詰ったとき、なんとなく発した言葉が突破口となることがある。思考の壁を打ち破り発展させるような質問がふい

に出てくることがある。そのような質問やつぶやきが出たときには、ポイントを見つけ、逃さずに発展させていくようにしたい。

しかし、この質問をキャッチするのは誰でもできるというものではないようだ。そこで、根源を再認識するような質問を心がけるようにする。「そもそも、私たちは何を話したかったのだろう？」「そもそも、この話し合いは何のためたっだのだろうか？」など、話し合いを始めることになった理由や目的に戻ることは、行き詰まりを解消する一つの方法である。

5. やわらかな主張（Assertion）

アサーションは、自分のことも、相手のことも大切にする自己表現で、自分の言いたいことを相手に不快感を与えずに伝える方法である。生活の中で、言いにくいことや断りにくいことに対して、自分の気持ちを抑えて相手の言うように従ってしまうということがある。後で従ってよかったと思うこともあれば、後悔することもあるだろう。

後悔しないためには、お互いの気分を損なうことなく、そのときに自分の意見や気持ちを主張しておくことが大切である。そうすれば、その後の関係も気持ちよく継続させることができるだろう。人は誰でも自分の意見を表明することができるのである。ここでは、自分の意見や気持ちを抑え込まず、相手の気分を害することなく「断ること」「自分の気持ちを伝えること」に焦点を当てて考えよう。

(1) アサーティブに断る

自己表現には3つのタイプがあるといわれている。

①アグレッシブ（aggressive）自分の正しいことに固執し、他者を踏みにじる攻撃的なコミュニケーション
②ノンアサーティブ（non-assertive）自分よりも他者を優先し、自分を抑えた受け身的なコミュニケーション
③アサーティブ（assertive）自分のことをまず考えるが、他者も配慮するコミュニケーション

　例えば、ドラえもんに出てくるジャイアンが自分のコンサートを開くという場面があるとして、ジャイアンは友人達に出席を要請する。のび太はたいていの場合、ジャイアンの誘いを断りたいのに断り切れずに出席を強要される。この場合のジャイアンの誘い方はアグレッシブだろうと想像する。のび太はたいてい断わりたいが、断るとジャイアンが攻撃してくるのではないか、その後の人間関係に支障ができるのではないかと考えて、他の用事があってもしぶしぶ出席を約束してしまう。このとき、のび太のコミュニケーションの方法はノンアサーティブである。このような誘いに対して、ジャイアン自身が誘われたとしたら、ジャイアンは何と断るだろうか。「家の手伝いがあるから無理」といいそうだ。では、静ちゃんだったらなんと言って断るだろうか。たぶん「そう、コンサートを開くのね。でも、残念だけど、その日はお母さんとお出かけすることになっているから、いけないわ。」というような返事なのではないか。このような、誘った相手も傷つかず誘われた本人も自分の意見を主張できる断り方がアサーティブな断り方である。のび太もこの方法ならちゃんと断れるかもしれない。
　アサーティブに断るときの順序は、①感謝の意を伝える、②理由を言う、③本題を言う、④プラスアルファ（自分の意見、提案）が良いとされている。ジャイアンのコンサートで言えば、①誘っ

てくれてありがとう（感謝）、②でも、その日はお母さんと出かける予定になっているの（理由）、③残念なんだけど、いけないわ（本題）、④どんな曲なのか興味があるから、また誘ってね（提案）。となれば、ジャイアンも気分よく、また誘おうかという気になり、人間関係は損なわれないだろう。この場合、本当に誘ってほしいかどうかは疑問だが。静ちゃんの断り方の最後に④のような自分の意見や提案を加えれば、ワンランク上のアサーティブな断り方になる。

　アサーティブな断り方をすると、誘った相手はあなたの言うことを受け入れやすくなる。そして、感謝の言葉を言われるとお互いの気持ちが前向きになるので、誘った相手が「誘ってはいけなかったのかな」「誘わない方がよかったのかな」「もう、誘うのはやめよう」と思うことは減り、次も誘ってみようという気持ちになる。断る方も、自分の意見や都合を優先することは認められるのだと改めて認識し、自分を尊重していることを自覚することができる。

　また、このような断り方は、文章でのやり取りにも有効であり、メールやSNSなどの場面でも活用すると、人間関係も悪くならず、むしろ良い方向に向かうこともある。ただし、あまりにもとんでもない理由であったり、たくさん理由を並べ立てたりすると、逆に相手から、理由の真偽を疑われてしまうこともあるので、注意が必要ではある。

ワーク1　断るワーク

① 　2人1組
② 　Aさん、Bさんを決める
③ 　Aさんは、どこかに行かない？　何かを一緒にしようなど誘う

④ Bさんは、柔らかな主張で断る
⑤ AさんとBさんの役割交替
 2人で2分程度

ふりかえり
① スキルを使って断るとき、どんな気持ちでしたか？ 普段の自分だったらどのように言うのかを比べて考えてみましょう。
② スキルを使って断られたとき、どんな気持ちでしたか？
③ お互いを尊重できたと思いますか？ その理由は何だと思いますか？

ふりかえりシート

断るワーク

日付

①スキルを使って断るときどんな気持ちでしたか？ 普段の自分だったらどのように言うのかを比べて考えてみましょう。

②スキルを使って断られたとき、どんな気持ちでしたか？

③お互いを尊重できたと思いますか？ その理由は何だと思いますか？

(2) 自分の気持ちを伝える

　アサーティブに自分の気持ちを伝える、伝えたいときについて考えてみよう。まずは、相手に伝える前に、以下の事柄について整理する。①伝えたいこと、主張したいことを優先順位をつける等整理する、②結論は何かを明確にする、③その理由を分かりやすく伝えるにはどのように言ったらよいか、④自分はこうしたい、こうしてほしい、こう感じるなど主語を自分にして伝える。

　このように、自分を主語にして伝えるのを、I（アイ）メッセージと言う。主語が自分（I）であり、「私はこう感じた」「こう思った」「私にはこのように見えた」というような表現をする。伝えたい相手の行動に対する自分の感情を伝えることができる。Iメッセージでは、「他の人はわからないけれど」という保留がつくので、言われた方も「ああ、あなたはそう感じたのだね」と受けとめることができる。相手はあなたの伝えたい情報を受け入れやすくなる。これに対して、Youメッセージで伝えようとすると、あなた（You）が主語になるので、相手は、勝手に断定されたように感じたり、責められているように感じたりしやすい。したがって、あなたの話をそれ以上聞く気持ちにはならず、逆に反感を買ってしまうことになることもあるだろう。

　相手の行動を要求する伝え方では、①現状を把握する、②自分の感情を把握する、③感情の奥にある自分のニーズを知る、④その上で要求（行動変容への提案や自分のニーズ）を表現するというステップを踏んで伝えることがある。とっさにこの一連のことを考えるのは訓練が必要だが、このステップで話をされると、相手は、自分が求められている行動はどのようなことなのか、その原因は何なのかが明確になるので、納得して行動しやすくなる。

　例えば、ある小学生が親と「家に帰ったら、ランドセルを所定の場所へ片づけること」と約束していたとしよう。学校から帰宅

したが、リビングにランドセルが置きっぱなしになっている。お母さんは約束を守って片づけてほしいと思っているが、小学生はなかなか片付けない。このような場面で、お母さんが、「早く片づけなさい！」と言ったのでは、小学生は「今やろうと思ったのに」「後でやるよ」と言ってしぶしぶ片付けるか、「うるさいなぁ」と言うこともあるかもしれない。そのまま放置ということもあるだろう。

　そこで、お母さんがランドセルの約束を子ども自ら実行してもらうには、①現状を把握する「今、リビングにランドセルがあるよね」②自分の感情を把握する「リビングが散らかっていてなんだかスッキリしないの」「お母さんは、今から夕ご飯の支度をしてここで気持ちよく食べようと思っているのだけど、ランドセルがここにあると、食器を置けないの。」など③感情の奥にある自分のニーズを知る「リビングをスッキリさせたい」「ランドセルを片付ける約束を守ってほしい」など何をしてほしいのかを考える④初めて要求を表現する「約束を守って、ランドセルを片付けてほしいの」などと言う。この小学生は、どのような行動を起こすだろうか。現状を把握するという行為は、冷静に現状を分析することになり、怒りの気持ちが鎮まってくる。また、自分の気持ちを言葉にすることで、自分の感情を表すことができる。そして、相手に対して行動を提案することは、自分が相手に対して何をしてほしいと思っているのかが明確に分かるので、そのように相手が行動すれば、要求は達成されたことになる。相手にとっても、気持ちをぶつけられるだけでは、何をすればいいのかが分からな

いが、提案があれば行動を起こしやすい。この順番でこうしてほしいと言われると、素直に提案に従っても良い気持ちになる。大切なことは、まずは自分の気持ちに向き合い、自分の言葉で表明することである。そのとき、お互いの気持ちや立場を尊重しているか、相手だけでなく自分の気持ちや立場を尊重しているかも重要である。第3者として見ていても、争いにならずに穏やかに交渉が進むことが多い。

「ワーク2　自分の気持ちを収めるためには」
① 3人1組
② 「私」「あなた」「観察役」を決める
③ 下に提示する状況の中で、「私」役の人は自分ならどう言うかを考える。「あなた」に話す。「観察役」は二人の表情や言葉の調子などを観る。
④ 同じ状況で「私」がIメッセージを使って「あなた」に話す。「観察役」は観察する。
⑤ 3人でそれぞれの役をしてみたときの感想、観察者はそのとき観察していたことをフィードバックする。3分〜5分

＊観察者の役割は当事者ではなく第3者として冷静に、その場で起こっていること、時間の経過とともに変化するその場・当事者の様子（本人の気持ちと表出している様子のギャップなど）を観察して、当事者でないからこそわかることや言えることなどを当事者に伝える。観察者がいることで当事者だけでふりかえりをするよりも、気づきが多く、深いものとなる。

ワークは、以下の3つの状況の中から選んで進める。
（状況1）大学のキャンパスの中で、仲の良いBさんに会った。Bさんはあなたに声をかけて「あなたと以前から話をしていたお店に、今から一緒にお昼を食べに行こう！」と誘った。あなたは、

今日は朝食をとるのが遅くて、お腹がいっぱいの状態。
(状況2) あなたが電車で座っていると、高齢者が数人、後から乗ってきた。その中の一人の男性に「高齢者に席を譲るべきだろう」と言われた。ただ、あなたは体調がよくなく座っていることもつらい状態。

(状況3) 授業中にいつもおしゃべりしているBさんたち数人がいる。今日の授業は、いつもよりも声が大きく、授業が始まってからずっとおしゃべりしていて、先生の話が聞きとれない状態。

ふりかえり

「わたし」「あなた」「観察者」をそれぞれ経験して、

① ある状況の中でスキルを使わずに話していたとき、それぞれの役割をしてみたときはどのような気持ちでしたか？「わたし」「あなた」を見ていたとき、二人の様子はどのように見えましたか？

② スキルを使って話していたときはどのような気持ちでしたか？ 観察者としてはどのように見えましたか？

③ お互いを尊重できたと思いますか？ その理由は何だと思いますか？

ふりかえりシート

自分の気持ちを伝えるワーク

日付

「わたし」「あなた」「観察者」をそれぞれ経験して

①ある状況の中でスキルを使わずに話していたとき、それぞれの役割をしてみたときはどのような気持ちでしたか？

「わたし」「あなた」を見ていたとき、二人の様子はどのように見えましたか？

②スキルを使って話していたときはどのような気持ちでしたか？

観察者としてはどのように見えましたか？

③お互いを尊重できたと思いますか？　その理由は何だと思いますか？

6. 会話を記録する（ファシリテーション・グラフィック）

　傾聴をさらに深め、話を整理するために、ここではファシリテーション・グラフィック（以下ファシグラ、またはFGと表記）を取り上げよう。ファシリテーション（facilitation）は促進する、容易にするの意味がある。グラフィック（graphic）は、視覚表現という意味である。この二つの言葉を合わせると、話し合いを視覚表現する。今はやりの言葉で言えば、見える化するということである。板書に近いものであるが、ここでは、目的を話し合いを促進させることに重点を置いて書いていくとしておこう。

　多人数でのコミュニケーションの形態の一つであるミーティングの場面などで、ある成果を目指して話し合っているときに、話がずれていってしまい、そもそも何を話さなくてはいけない場面だったのかを忘れてしまうことがある。また、誰かの発言が受け止められずに流れてしまうことや、どのようなことが話し合われていたのかが忘れられてしまい、話の結論が当初求めていたものと違うところへ行ってしまったこと、ミーティングが終わったときに結局、結論は何だったのだろうと思ったことはないだろうか。そのようなミーティングが度々重なると、ミーティングに出席しても達成感がなくなり、出席者が減ってしまう。出席していたとしてもミーティングが進まないというようなことが起こる。そのようなことを避け、達成感のあるミーティングにするためにも、話し合いの見える化は必要である。

　ミーティングに参加しているメンバーそれぞれがメモをとっていることもある。しかし、そのメモの内容は全員が同じではなく、重要だというポイントも異なっているかもしれない。一人が代表して話し合いを見える化していれば、重要ポイントも全員で共有しながら進めることができる。

ファシグラのスキルを活用することで、話し合いの場でのコミュニケーションが活性化する。話し合いやミーティングの内容の情報共有ができ、認識のずれを減らすことができるようになる。また、話し合いを文字にしていくと、発想が広がり意見もたくさん出るようになる。他の人が言った意見も書いてあるので、同じ意見を繰り返すことも減っていく。ファシグラは、模造紙やホワイトボード、黒板などを活用することが多いが、少人数であれば、コピー用紙等でも可能である。話し合いに参加しているメンバー全員から見えることが重要なのである。
　ファシグラを書くステップは以下のようなステップがある。
① 発言をコンパクトに要約する
　（主語＋）述語＋5W1H[13]（2H　How much が加わることもある）が基本
② 議論のポイントを強調する
　アンダーラインや囲み、色付けなど
③ ポイント同士の関係を示す
　矢印を活用する
④ 図解ツールを使って構造化する
　話し合いの内容にあうフレームワークを活用して、話し合いをまとめながら進める。
　ミーティングを始める前に、話の流れをイメージして、紙やホワイトボードの広さや文字の大きさなど話し合いの展開を予想してスペース割りをしてみるとまとまりが良い。また、色使いや余白などにも配慮ができるようになると見易くなる。さらに、イラストが入ると親しみやすく、記憶に残りやすくなる。
　スペース割りの例としては、大きく3つの型がある。基本的な

---

[13] 5W1H については 36 ページ参照。

ものはリスト型で、順番に時系列で書いていく型がある。表型（フォーマット型）は、PCのワードやパワーポイントにあるスマートアートの基本的な形に当てはめながら書いていくものである。これについては、次の節で紹介する。マンダラ型（時計回り）は、話の展開が読みにくいとき、書きやすい型である。また、中心にテーマを書くので、話が飛んでも、近い場所に書くことができ、後から見ても分かりやすくなる。

　色使いでは、特に、模造紙等に書くとき、裏移りしない水性ペンが適しており、色数もたくさんあるので、自分で約束事を決め、どの色でどのようなことを書くのかをあらかじめ決めておくと迷わず、統一感も出る。水性ペンを使う時、使うのは３色程度が見やすいと言われている。メインの色を１色とマルチに使える色（補助的な内容を書くときにも使える）を１色、デコレーション用（強調、囲みなどに使う）に１色を決めると使いやすい。メインの色は黒、青、赤、緑、紫など強い色として、黒や赤は特別な色として決定事項やタイトルなどに使うと効果的である。マルチには、ピンク、水色、黄緑、黄土色などの中間の彩度の色が適しており、補助的な項目やメインとは異なる強さの言葉、傍系の話題などに使うと後で見る時にも分かりやすい。デコレーションには黄色、橙色など文字を書くと読みづらい色が適している。強調したいフレーズに斜線を引いたり、アンダーラインを引いたりす

ることで目立つようにする。　　　　　［イラストの例］
　ホワイトボードでは、黒をメインに青をマルチ、赤を決定事項などに使うとわかりやすい。色を使いこなせるようになると、ミーティングの内容がより印象に残る。
　行頭文字や矢印を使うと話し合いの内容が整理され

〇＋□　　〇＋☆

る。ただし、使い方がいつも異なると逆に混乱を招いてしまうので、使い方のルールを決めておくことが必要である。例えば、「1.（1）①」、「1、1－1、1－1－1」、■、◆、◎、〇などの記号をどのような順位として使用するのかを決めておきたい。さらに、矢印を使いこなすと、内容の関係性も整理され、ミーティングの場にいる人だけでなく、後から見る人にも理解しやすくなる。
　イラストは、絵文字や〇と□などを活用して描くと比較的簡単に書ける。

　話すスピードのほうが書くスピードよりも当然速いし、要約しながら書くという行為もはじめは難しいと感じるかもしれないが、慣れればできるようになってくるので、回数をこなしてほしい。要約しながら書けるようになるとミーティングの内容や進み具合が俯瞰できる。ミーティングの場で書いている人（グラフィッカー）が内容を一番理解できているようになる。グラフィッカーがミーティングの軌道修正をすることもできる。
　ミーティングも一方通行にならずに双方向のコミュニケーションができるように、ファシリテーション・グラフィックを活用しよう。

ワーク1　インタビューを書く

① 2人1組になる。
② Aさん、Bさんを決める。
③ Aさんが話す。BさんはAさんの話をファシグラする。書き方は自由。　3分
④ Aさん、Bさんを交代する。Bさんが話してAさんはファシグラをする。
⑤ お互いの書いたものを見て、ふりかえりをする。　5分

　テーマは「自分でお店を開く（起業する）としたら、どんなお店にしますか（どんなことを扱いますか）？」「最近、感動したことはなんですか？」どちらかを選ぶ。2人が同じテーマでもよい。

ワーク2　話し合いを書く

① 4人1組になる。
② Aさん、Bさん、Cさん、Dさんを決める。
③ AさんとBさん、Cさんの3人が話す。Dさんはファシグラをする。書き方は自由。
　3分
④ 順にグラフィッカー役を交代する。　各3分
⑤ 4人のファシグラをみながらふりかえりを行う。　5分

　テーマは、「管理栄養士ってどんなことができる職業なのだろう」「人間関係とコミュニケーションの授業が管理栄養士に必要な理由は何だろう」のどちらかを選び、交代するたびにテーマを変えても良いし、テーマの続きを話していってもよい。

　それぞれの状況にあわせたテーマにアレンジしてもよい。

ふりかえり
① 書かれたものは、要約されていますか？

② 発言した人の意図はほぼ正しく伝わっていますか？
③ 難しかったこと、わからなかったことはありましたか？
あったとすれば、どのようなことですか？
④ 話し合いを見える化するとどんな良いことがありますか？

ふりかえりシート

日付

ファシリテーション・グラフィックのワーク

①書かれたものは、要約されていますか？

②発言した人の意図はほぼ正しく伝わっていますか？

③難しかったこと、わからなかったことはありましたか？ あったとすれば、どのようなことですか？

④話し合いを見える化するとどんな良いことがありますか？

7. 会話を記録する2（図を活用する）

　図を活用して伝えたいことを整理して示す、整理したことを俯瞰して判断する、という方法。これは、前述の4つのステップの第4段階にあたる。

　図を使って示すと、以下のようなメリットがある。口下手でも相手に言いたいことが伝わりやすい、感情論にならずに冷静に結論を導きやすくなる、文字を書くよりも早く納得できる、協働して書いていくことでコミュニケーションが活発になる、多数の人に主張を理解してもらえる、文化の異なる人とも誤解が少なく話し合えるなどである。話し合いをしながら書いていくと、合意形成しやすくなる。また、他の人がいないところで一人で書くときにも活用すると、自分の主張を整理できる。

　なお、話し合いの場面でフレームワークを活用しようとするときは、選んだフレームワークで話し合いの内容が変わってしまうことがあるので、このフレームワークで進めてよいかを参加者に確認してからにしよう。どのような時にどんな図が適しているのか、どのような場合に活用できるのかなどについても、回数をこなすことで、話し合いの内容によりふさわしい図がかけるようになってくる。

　ここで使う図は、パソコンのワードやパワーポイントなどにある「SmartArt」の中にある基本的なピラミッド型（逆三角型を含む）、親和図、手順（矢印）、4象限（マトリックス）の4つを取り上げる。[14]

---

[14] 4つの型の活用について、もっと知りたいときは、多部田憲彦（2013年）を参照されたい。

(1) ピラミッド型（逆三角型も含む）

　考えを深めたり、問題を体系的に考えたりするときに使う。ピラミッドの頂点から下方に順に、上にある事項の理由を書いていく。逆三角型は、上から下へ「だからどうなる」を書いていく。

　例えば、仲の良い友人と大人3人で2泊3日の旅行をしたいと思って、友人をどうやって誘おうか、と考えているとする。まずは、旅行に行きたい理由をピラミッド型で考えてみよう。

　例えば、図1は、テーマを「大人3人で2泊3日の旅行をしたい」としてその理由を掘り下げていく。一段下がるときに、なぜそう考えるのかを考える。答えは友達を一緒におしゃべりしたり、美味しいものを食べたりしたいとする。では、なぜ、一緒におしゃべりしたり、美味しいものを食べたいのかの理由を考えると、仲良しの一人が海外に留学することがわかったので、しばらく会えないから。という本当の答えが出てくる。根本の理由にたどり着いたら、そのことをもって旅行に誘うと、より説得力が増す。

　このようにものごとを整理していくと、本当のねらいや問題の所在が見えてくる。図2の逆三角型であれば、展望が見えてくることもある。

　この図形を一人で書いていくことも、もちろん有用である。さ

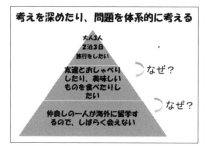

（図1）

（図2）

らに、複数人で話し合いながら掘り下げていくことができれば、チームでの目的や目標、やるべきことなどをコミュニケーションしながら共に創り上げることができる。

ワーク1　ピラミッド型を体験する

① 1人でピラミッドを完成させる。2分
　　テーマは、管理栄養士コースを選んだ理由。

(2) 親和図

　親和図で表すと2〜3の群れやキーワードの相違点、共通点を識別し、一覧できるので、それぞれの群れの特徴が見えてくる。リストとしての一覧表よりもそれぞれの群れの特徴が分かりやすい。また、コミュニケーションをとりながら書いていくと、話し合いの進捗が参加者に分かり、情報共有もでき、話し合いを進めやすいという利点がある。

　例えば、図3を使って、ある広場のイベントと管理栄養士コースで学ぶ学生との共通点を探して、イベントで提供する飲食コーナーのメニューを考えてみよう。イベントは、ハロウィン、オープンカフェ、夏祭りなどで、参加するのは、地元の人、様々な年齢層が参加、飲食コーナーがある、などが挙がった。管理栄養士コースで学ぶ科目には、栄養学、生理学、公衆衛生学、調理実習、応用栄養学などがある。この二つの群れの共通点を探してみると、本来であればもっと詳細な検討が必要ではあるが、飲食に関すること、調理などが挙がってくる。ここから、新メニュー開発、対象年齢層に絞った飲食コーナー（生活習慣病予防食、育ち盛りカロリー高くバランスのよいおやつ）などが浮かび上がってくる。これで、イベントに出店する基本方針が見つかった。

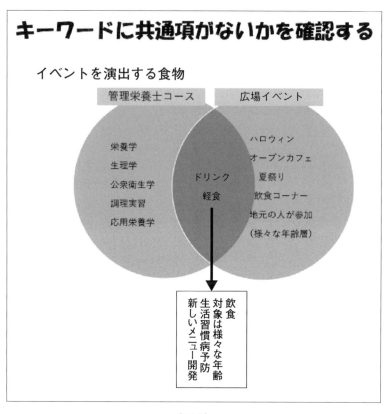

（図3）

ワーク2　親和図体験1

① 2人1組になる。
② お互いにどちらかに円を決め、話し合いながら図に趣味を書き込んでいく。
③ 共通した項目があれば、重なった部分に記入する。3分
　テーマは、「お互いの共通した目標を探す」。

ワーク3　親和図体験2

① 4〜5人1組になる。

② グラフィッカーを1人決める。
③ お題を見ながら、全員で図を完成させる。10分
　テーマは、「セブンイレブンとローソンのお弁当の品ぞろえの共通点を探す」
　※コツはできるだけ多くの項目を重なっていない部分に書き出す。

ふりかえり
① それぞれの要素をできるだけたくさん出せましたか？
② 親和図で共通点をみつけることはできましたか？
③ 図を作成して分かったこと、感想など。

ふりかえりシート

日付

フレームワーク1

①それぞれの要素をできるだけたくさん出せましたか？

②親和図で共通点をみつけることはできましたか？

③図を作成してみて分かったこと、感想など。

(3) 手順（矢印）

　時間や手順の流れを視覚化できる。手順通りのステップを踏んでいけばゴールにたどり着くという目標明記してあるので、ものごとを進めやすくなる。また、複数人で話し合いながら書けばプロセスの確認と共有ができる。その場に居なかった人も、この図をみれば説明は少なくても、手順や流れを共有でき、説明を受けなくても同じ手順で進めることができる。

　例えば、図4のように、数人でパーティの食事を準備するとき、準備に必要な情報を得る、メニューや量を決める、買い出しに行く、料理するというステップで進めるのが適切であるとする。これを図にすると以下のような図が書ける。この図の下に役割と担当などを記入していけば、パーティの料理プロジェクトが完成する。

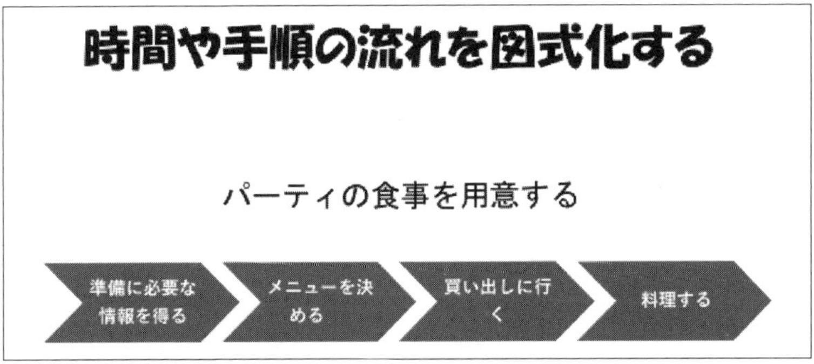

時間や手順の流れを図式化する

パーティの食事を用意する

準備に必要な情報を得る → メニューを決める → 買い出しに行く → 料理する

（図4）

ワーク3　矢印体験

① 1人で、1年の行事予定を時系列で記入する。1分
② 隣の人にお互いに説明する。2分。

(4) 4象限（マトリクス）

　マトリクスは、横軸、縦軸をそれぞれ中心点で交差させた図である。高い低い、多い少ないなどの指標やキーワードを置き、ポイントとなる2軸を用意して全体像をつかもうとするものである。2軸を交差させて4つの象限とし、そこにプロットしていき、俯瞰することで全体像を形成していく。

　例えば、図5のように、パーティを企画するとき、参加人数と一人当たりの予算からメニューが決まってくる。横軸に参加人数、縦軸に一人当たりの予算をとり、どのような形式が適しているのかを考えてみよう。すると、参加者が少なく予算も少ない第2象限（Ⅱ）では、持ち寄りで行うとメニューが少なめになる。参加人数が多く予算も多い第4象限では、ブッフェでもフレンチでも素材にお金をかける豪華メニューが可能となる。

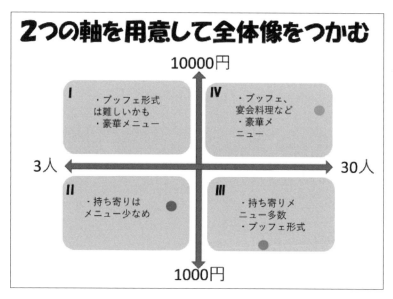

（図5）

また、いくつかのしなくてはならないタスクや検討事項などがあるとき、優先順位をつけるとはかどる。そのようなとき縦軸に影響度（大小）、横軸に緊急度（大小）をそれぞれとってマッピングすると、現状がチームで共有できる。Ⅳにある項目が、影響が大きく緊急度も高いため、優先順位が高いものとなる。

　マトリクスの書き方は、慣れるまではおおよそ、次の手順で書いてみよう。慣れてきたら、自分の書きやすい手順で書いてみてほしい。①まず軸を何にするのかを考える。重要と思われる要素や知りたい要素などを２つ決める。②次に、横軸の左右、縦軸の上下で、それぞれの軸には相反する指標やキーワードを両端に置く。③状況や数字、項目などを該当すると思われる象限、場所にプロットしていく。

　グループで話し合いながらプロットすることで、みんなが理解し全体像をつかまえることができる。それが合意形成の下準備として整っていくので、結論に至りやすくなる。また、軸で表すとそれぞれの象限の特徴や長所短所が一覧でき、整理しやすくなる。

ワーク４　マトリクスを体験する

① 　４〜５人１組になる。
② 　記録者を１人決める。
③ 　いろいろな軸の可能性を考え、座標軸の上に点を置いて考える。７分
④ 　結論を決める。どの点を採用するか。

　テーマは、手作りパーティをするとして、メニューを４品以上決める。例えば、料理

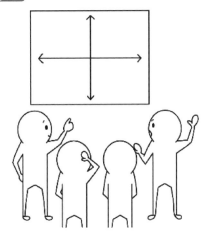

にかかる時間とカロリーなどで考える。

ふりかえり
① 図に記入できましたか？
② 結論は出ましたか？
③ 図を使って話し合うことで気づいたこと、感想など。

ふりかえりシート

日付

フレームワーク2

①図に記入できましたか？

②結論は出ましたか？

③図を使って話し合うことで気づいたこと、感想など。

8. 会話を記録する　応用編（ホワイトボード）

　これまで、紙にマジックやボールペンを使用して会話を記録する方法について述べた。応用編では、ホワイトボードを使った記録の方法を学ぶ。より多くの人が集まって話し合うときに、ホワイトボードを活用すると話し合いの共有ができる。また、実際には、模造紙が用意してあることは珍しく、会議室等ではホワイトボードが置いてある場合が多い。

　書き方の型はほとんど変わらないが、特に、ホワイトボードを使用する時には、今日の目的や目標、終了時間、議題、場合によっては参加者名などを明記しておくと進めやすい。また、ホワイトボードであれば、訂正しやすいため気軽に挑戦できるだろう。

　ホワイトボードマーカーは、黒、青、赤の３色が用意されていることが多い。黒をメインの色として、青をマルチに使う。そして、赤は決定事項などに使うと決めておくと見やすく、話し合いの内容も整理しやすい。ミーティングや議題のある話し合いの場面で活用したい。このような場面でファシリテーション・グラフィックのスキルを活用できれば、話し合いのメモだけでなく、簡単な議事録の代わりにもなる。

　次のステップとして、一つの発言について、体言止めではなく、動詞、形容詞、形容動詞などで終わるようにする。すると、会議中の認識のズレが減ってくる。

　一つの議題について検討する会議では、タイトル、参加者、検討事項などを明記して行う。意見を書いていく際には、できるだけ全員の発言を書くようにする。ホワイトボードは複数枚準備してあると、スペースを気にせずに、大きめの文字で書けるので参加者から見やすいファシリテーション・グラフィックとなる。

　いろいろな議題が混在している会議では、報告事項、検討事項、

話題提供など議題を予め分類し、想定される時間を申告する。そこから、議題の順序を検討、共有して会議を進める。ホワイトボードに議題、時間、順序を明記する。さらに参加者名、終了時間等も記載されているとさまざまな会議の前提となる情報を参加者が共有できる。

［ホワイトボード活用の例］

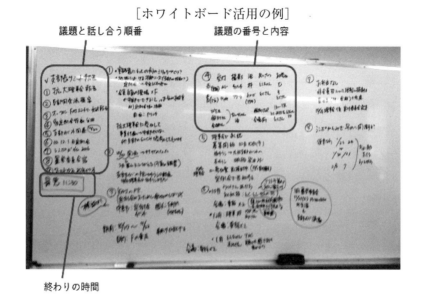

（ホワイトボードの使い方の例）

ワーク1

① 5～7人のグループを作る。
② 進行役（ファシリテーター）とグラフィッカーを決める。後の人は、会議の参加者。
③ ホワイトボードの前に参加者に向かってファシリテーターが立ち進行する。
④ グラフィッカーはホワイトボードに向かって立ち、「タイト

ル」「参加者」「終了時間」などを書いていく。
⑤ ファシリテーターの進行で会議を行う。
⑥ 会議のテーマは「夏休みに行うイベントについて　第1回打ち合わせ　コンセプトを決める」20分。

ふりかえり
① 進行役（ファシリテーター）、グラフィッカー、参加者それぞれの役割をした感想は？　うまく要約して書けましたか？要約して書かれたときの気持ちなど。
② ホワイトボード等に書かずに進める話し合いとの違いは？認識のズレ、話し合いの進行に関する納得度など。
③ 気づいたこと、感想など。

ふりかえりシート

日付

ホワイトボード

①進行役（ファシリテーター）、グラフィッカー、参加者それぞれの役割をした感想は？ うまく要約して書けましたか？ 要約して書かれたときの気持ちなど。

②ホワイトボード等に書かずに進める話し合いとの違いは？ 認識のズレ、話し合いの進行に関する納得度など。

③気づいたこと、感想など。

9. 会話を記録する3　アドバンス編（マインドマップ）

　マインドマップは、トニー・ブザン、バリー・ブザンが考案した方法で、「放射思考を外面化したものであり、脳の自然な働きを表したものである。脳の潜在能力を解き放つカギとなる強力な視覚的手法で、誰もが身に着けることができる。あらゆる用途に使用でき、学習能力を高めたり、考えを明らかにしたりするのに役立ち、生産性の向上が可能になるツールである。マインドマップの特徴は、①中心イメージを描くことにより、関心の対象を明確にする、②中心イメージから主要テーマを枝のように放射状に広げる、③ブランチには関連する重要なイメージや重要な言葉をつなげる、④あまり重要でないイメージや言葉も、より重要なものに付随する形で加える」[15] の4つである。神経細胞の樹状突起の部分を言葉でつないだイメージである。樹状突起を伸ばしていくような気持ちで、自由に書いていけばよい。

　このマインドマップを活用して会話を記録してみよう。書き方は、まず、最後に描く中心イメージの空白をとっておき（仮に円を描いておく）、そこから太い線BOI（Basic Ordering Idea）を数本引く。このBOIから、さらにブランチと呼ばれる枝を延ばしていくが、ブランチは先端に向かうほど細くしていく。BOIから連想するキーワードを、ブランチを延ばしながらブランチの上に書いていく。このとき、ブランチを切るように途中に文字を入れることはせず、ブランチの線が途切れないようにする。BOIにはメインとなるキーワードを書き、そこから発想するキーワードは該当するBOIから延ばしたブランチに書いていく。どのキーワードから発想したキーワードなのかが分かるように、BOI

---

[15] トニー・ブザン他（2005年）p59

と同じ色でブランチを延ばしていく。あるところまで進んだら、異なるBOI、ブランチに移動して書いていく。最後に中心にイメージのイラストを描く。

　個人でのワークでマインドマップの書き方に挑戦し、グループでのワークでは、マインドマップを活用してコミュニケーションを促進してみよう。

［マインドマップの例］

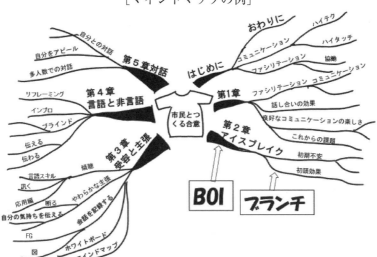

▶ ワーク１　マインドマップを書いてみよう（個人・単色）

① A3（またはA4）のコピー用紙の中心に円を書く。
② BOIを4〜6本ほど書き、キーワードを記入する。BOIは途中で増えても良い。
③ BOIのキーワードから連想するキーワードをブランチを延ばしながら書いていく。5分
④ 中心のイメージをイラストで表現する。2分
　テーマは、20年後、○○市はどうなっているでしょう？

▢ ワーク2 マインドマップを書いてみよう（グループ・多色）
① 模造紙（またはA3用紙）の中心に円を書く。
② 全員のワーク1の用紙を見ながら話し合いで、BOIのキーワードを決め、記入する。
③ BOIからブランチを延ばしながら、連想するキーワードを記入していく。
④ 記入するときは、該当するBOIに近い場所にいる人が記入する。発言する人は、どこから派生したキーワードかを明確に伝える。発言している人がいる時は、他の人は発言が終わるのを待つ。
⑤ 最後に中心のイメージを話し合って書く。20分

ふりかえり
① 1人でマインドマップを描いた感想は？　自分の発想を引き出せましたか。自分のイメージを整理できましたか？
② グループでマインドマップを描いた感想は？　グループの発想を引き出せましたか？　コミュニケーションは活発になりましたか？
③ 個人でマインドマップを描いた時とグループで描いた時の気持ち、発想の違いはどのようなことでしょうか？
④ 気づいたこと、感想など。

ふりかえりシート

日付

マインドマップ

①1人でマインドマップを描いた感想は？ 自分の発想を引き出せましたか？ 自分のイメージを整理できましたか？

②グループでマインドマップを描いた感想は？ グループの発想を引き出せましたか？ コミュニケーションは活発になりましたか？

③個人でマインドマップを描いた時とグループで描いたときの気持ち、発想の違いはどのようなことでしょうか？

④気づいたこと、感想など。

第4章　言語と非言語

　コミュニケーション（communication）の語源は、ラテン語のムニカチオ（communicatio）で分かち合う、共有するという意味である。これが発展して、分かち合ったものを伝えることに加えて、受け取るという双方向の行為が必要となる。その媒体として言語や非言語がある。非言語には、表情や声のトーン、スピード、行動などで伝える言語を媒体としないコミュニケーションがある。もちろん、普段は両方を活用して相手の気持ちや背景にあるものを探りながらコミュニケーションをとっている。コミュニケーションとは、言語と非言語の媒体を使いながら、その場を創っていく活動といえる。

1. リフレーミング

　言葉は使い方によって、人を傷つけたりいい気分にさせたりすることができる。ある事柄について、言い方を変えれば相手を傷つけることなく自分の気持ちが伝わる、落ち込んだ気持ちを切り替えて前向きになれる。言葉の使い方のトレーニングの方法の一つとして、リフレーミングを取り上げ、異なった立場、異なる視点を取り入れてみよう。

　リフレーミング（Re-framing）は、再び（re）構築する、枠をつくる（framing）という意味である。従って、物事を見る視点を変える、枠組みを変えて別の枠組みにするという意味になる。ここでは、ネガティブな事柄をポジティブに捉え直すこととする。

社会構成主義[16]では、言葉は世界のありのままを写し取るものではないとされている。仮に同じ言葉を使っていたとしても、背景となる文化が違えば意味が違う。同じ指のサインを出しても意味する内容が異なることはしばしばある。ものごとの受け取り方、表現の仕方も多様であることを前提として、自分たちの持っている意味だけが正しいということではなく、それぞれの人、それぞれの背景とする文化の中でその意味はそれぞれに正しい。意味や感情は「心」が生み出すものではなく、培ってきた人間関係の中で共有する意味や感情が作り出すものとされている。ある出来事に対して「こういうことに対しては怒るべきだ」という人もいれば「そんなに怒ることなの？」という人もいる。逆に「悦ばしいこと」という人もいるかもしれない。この違いは、その人の育ってきた環境の中で培ってきたものの違いである。「人間関係や文化を背景とした言葉によってつくられてきた意味や感情であれば、異なる人間関係や文化の中へ入れば、またそこでの意味や感情がつくられていくのである。言葉に異なる意味を与えることで意味するもの、感情も異なったものとなる。

　ここで扱うリフレーミングは、この社会構成主義を前提に進めていく。まずは、当たり前とされていることが、人々に異なる可能性を見えなくさせてしまっていることを心にとめておこう。自分の言葉で自分の可能性を見えなくさせてしまっていることもあるのだ。言葉を使うとき、背景となっている言葉の意味や感情に拘束されているのだから。

　従って、言葉で表現しているその瞬間、同時に未来を創っていることになる。伝統や常識だととらえていても、実はその言葉か

---

[16] ケネス・J・ガーゲン（2004年）解説は http://social-acty.com/blog/1404/ を参照されたい。

ら発生する意味を絶えず創り出している。逆に言えば、言葉の使い方やその意味を考え直す、言葉の枠組みを変えるということは、視点を変えることになり、行動の変容につながり、新しい未来を創っていくことができるのである。

　リフレーミングすることは、未来を創っていく一つの手段ともなる。例えば、コップに水が半分入っている状態を表現するのに、「コップに水が半分しか入っていない」と「まだ半分残っている」というのでは受ける印象とその表現が及ぼす影響は異なってくる。前者では、「あと半分しかないのなら、半分を足してコップを満たすのか、それとも残りの半分を使わないでキープしておかないといけないのではないか」という焦燥感のような感情を持つ。後者では、「半分残っているのなら、その半分を有効に使おう、その水がなくなるまで時間に猶予があるな」など前向きな感情を持つことができる。言葉の使い方ひとつで水に対する視点が変わり、感情も変わる。そして、次に起こすであろう行動も異なったものとなる。未来が変わるのである。

　「物は言いよう」とか、長所は短所、短所は長所などと昔から言われている。同じ性格や表現であっても時と場合、受け取る人によって印象が異なるのである。また、立場や見方が異なる、表現の仕方の工夫などで印象を前向きにすることができる。前向きに表現することを心がけることで、他者の印象だけでなく、発言者自身の印象も変化してくる。

　他者とのコミュニケーションだけでなく、自分自身とコミュニケーションをとるときにも、思ったままに表現する前に、一度、リフレーミングしてみると、感情のコントロールやコミュニケーションの取り方に変化を見つけることができるだろう。

　例えば、短気であるというのをリフレーミングしてみると「物事を早く進めることができる」、出来上がりが遅いは「じっくり

と取り組むことができる」、飽きっぽいは「好奇心旺盛」となる。行動としては同じであるが、随分と受ける印象が異なる。表現の仕方でポジティブな言葉に変えることができる。他人の行動に対しても、リフレーミングすれば、ポジティブに捉えることができ、円滑なコミュニケーションのベースになる。また、自分の性格をリフレーミングして考えてみると、短所だけではなく、それが長所でもあることを理解できるので、自分の可能性に気づくのではないだろうか。

ワーク1　短所を長所にリフレーミングする1

① 個人
② ワークシートにある「短所」をリフレーミングして「長所」を書く。3分
③ 近くの人と意見交換。3分

ふりかえり
① 短所を長所に書き換えることはできましたか。短所を長所に書き換えてみたときの感想は？
② 難しかった項目はありましたか？あるとすれば、どんな項目でしたか？
③ 他の人と意見交換した感想は？

[リフレーミングワークシート]

リフレーミングやってみよう！

リフレーミング前	リフレーミング後
おしゃべり	
臆病	
落ち込みやすい	
頑固	
気が弱い	
空気が読めない	
計画性がない	
しつこい	
目立ちたがり屋	
マイペース	

ふりかえりシート

日付

リフレーミング１

①短所を長所に書き換えることはできましたか？　短所を長所に書き換えてみたときの感想は？

②難しかった項目はありましたか？　あるとすれば、どんな項目でしたか？

③他の人と意見交換した感想は？

自分のことを冷静に評価するのはなかなか難しい。次のステップとして、他者からリフレーミングをしてもらう、他者へリフレーミングをフィードバックするということをしてみよう。

　自分の短所を他者にリフレーミングしてもらうことで、自分の評価だけではなく他者の評価と併せて自分の長所として認めることができ、自己肯定につながり自信が持てるようになる。逆に、本人が短所だと思い込んでいるが実は長所だということを伝える喜びをもつこともある。複数人の中で実施してみると、その集団そのものが和やかな雰囲気になったり、コミュニケーションがより円滑になったりする。複数人いればその数だけのリフレーミングができるので、より多角的な視点を得ることができる。複数の視点でものごとを見るようになってくると、一つの見方にこだわらなくなり、人間関係が良好になっていく。このことから、リフレーミングすることで人間関係やコミュニケーション、仕事などの問題解決に寄与することもある。嫌なことがあったときでも、軽く受け止めることができるようになったり、気持ちを切り替えやすくなったりすると、気持ちが楽になり、仕切り直しができる。

　また、リフレーミングすることで新しいものやアイデアなどを創りだすことができる。そして、リフレーミングは、未来を創ることでもあるので、夢を実現可能なものにすることもできるだろう。

ワーク２　短所を長所にリフレーミングする２

① 　４〜５人で１組になる。
② 　Ａさん、Ｂさん、Ｃさん、Ｄさんを決める。
③ 　Ａさんは、自分のこんな所が短所かな？　という

ことを一つ言う。
④　Aさんの左隣から順番にリフレーミングして長所に変える。ただし、前の人と同じ言葉は使わない。
⑤　1周したら、Aさんの役を交代して①〜④を繰り返す。10分

ふりかえり
①　短所を長所に言い換えることはできましたか？
②　人の短所を長所に言い換えてみたときの感想は？
③　自分が言われたときの感想は？

ふりかえりシート

日付

リフレーミング２

①短所を長所に言い換えることはできましたか？

②人の短所を長所に言い換えてみたときの感想は？

③自分が言われたときの感想は？

2. インプロ

　非言語として、身体の動きからどのような情報を得ることができるのか、コミュニケーションをとることができるのかについて、インプロを通して体感してみたい。

　インプロとは、improvisation の略で、意味は「im（しない）、pro（前もって）、visation（見る）」ことから、「前もって見ていない」となる。一般には即興劇を指す。台本なしで進んでいく演劇である。近年では、演劇のトレーニング[17]をはじめとして、保育園から大学までの教育機関でコミュニケーションの授業として、企業の研修ではイノベーションを起こす部署、クリエイティビティが求められる職種、営業職、介護職、チームワークを創っていく研修などで活用されている[18]。従来の思考の殻を身体動作を伴って破るという経験をすることで、今までにない、全く新しい事態に対応できる訓練をすることが目的ともなっている。また、社会開発やまちづくりの場面で課題を掘り下げる契機としたり、医療の場面では集団療法とし心のケアなどに活用されたりしている。本書でも「傾聴」の節での「ミラーリング」や「YES AND」のワークはインプロのゲームの一つを活用している。

　インプロのルールは、「いいアイデアを求めない、いまを生きる、あるがままを受け入れる、最初の考えを大切にする、自分を信じる、失敗をおそれない、にっこり笑う」[19]を心がけることである。言い換えると、ウケを狙って面白いことをしようと思わず

---

[17] 平田オリザ、2012 年には、演劇を通して対話・コミュニケーション力を向上させていく取り組みと生徒の変化なども詳細に述べられている。(解説は、http://social-acty.com/blog/date/2015/11/ を参照されたい)

[18] 高尾隆他、2012 年にはさまざまな研修に活用されている場面が紹介されている。

[19] パトリシア・ライアン・マドソン、2011 年、p5〜6

に、自分の考えに素直になって直感を大切に表現してみる。（そもそもインプロに失敗という概念があるのかと疑問だが）失敗することもあるかもしれないが、にっこりと笑って流し、次の成功の糧であると思い、チャレンジしてみようということである。

　このルールを心がけて臨めば、実際のコミュニケーションの場でもしなやかにユーモアを持って存在することができる。もちろん、後述する自分の気持ちや思い、考えを「伝える」の節でもおおいに活用できる。インプロと前出のリフレーミングを組み合わせれば、コミュニケーションの場だけでなく、生活の中の様々な場面で考え方や行動にも影響が出てくるのではないだろうか。困難な問題に突き当たったときでも、しなやかに対応して問題を乗り越えられそうである。

　こんなことを言ったら恥ずかしい、笑われるのではないかと周囲の反応を予測して意見の表明を控えるという社会心理学でいう「自己検閲」がある。筆者がインプロのワークに参加したときに心に残っている言葉が、「自分の常識は他人の非常識、他人の常識は自分の非常識」というフレーズである。「常識ではこうだろう。」「自分の考えなんてつまらないだろう。」「このアイデアは普通でおもしろくないよね。」「こんなことを言ったら笑われてしまうのではないか。」ということを考えたことはないだろうか。実は、自分が思っている「こんなこと」は他人からすると目からウロコのアイデアだったり、鋭い指摘だったりすることがある。逆に、「なぜ、自分が思う常識に従って他人は考えて行動しないのだろう」「この人常識ないな」などと思ったことはないだろうか。人と人は違って当然で、自分と同じことを考える人は少ない。その人にとっては、それが常識なのだ。その人の背景となっている、培ってきた文化や言葉の意味があなたと異なっているということなのだ。同じことを考える人が少ないからこそ、共通点があれば

うれしいし、安心できるのである。また、多様な考えがあるからこそ、他人とコミュニケーションをとることが刺激となるのだ。

お互いの顔が見えると、うまくやろう、うまくやらなくてはという気持ちになることがある。これは、他の人に「見られる」ことが「失敗を恐れる」ことに重なってしまうからである。見られているから失敗しないように、うまくやらなくてはと自分にプレッシャーをかけるので、逆に緊張してしまい、うまくできなくなる。インプロのルールの一つである「あるがまま」を心がけて、「自分と他人は違って当たり前」なのでリラックスしてワークに臨んでほしい。

このパートでは、ワークを通して、まずは失敗を恐れずにやってみること、人と人は違って当然ということを体感し、その違いを楽しんでほしい。

ワーク1 指ウェーブをしてみよう

① 始めは1人で。
② 両手を開いて前に突き出す。
③ 親指から小指に向けて順番に一本ずつ手のひらに向けて折っていく。
④ 手を握った状態になったら、小指から親指に向けて順に開いていく。
⑤ 小指から親指に向けて順に折っていき、親指から小指に向けて開いていく。指でウェーブしてみよう。
⑥ 数回、繰り返して行う。

ワーク2 みんなで指ウェーブ
① 横一列になって指ウェーブをする。
② 数回行う。
③ 全員で丸くなって、指ウェーブをする。誰から始めるのかも決めずに始める。
④ 数回行う。

ふりかえり
① 1人での指ウェーブはうまくできましたか？ その時どんな気持でしたか？
② 横一列になって指ウェーブをしたときは、うまくできましたか？ その時どんな気持ちでしたか？
③ 丸くなって全員の姿を見ながら指ウェーブをした時はうまくできましたか？ その時どんな気持ちでしたか？
④ 3種類の指ウェーブをして、どのように気持ちが違いましたか？

ふりかえりシート

日付

インプロ1　指ウェーブ

①1人での指ウェーブはうまくできましたか？　その時どんな気持ちでしたか？

②横1列になって指ウェーブをしたときはうまくできましたか？　その時どんな気持ちでしたか？

③丸くなって全員の姿を見ながら指ウェーブをした時はうまくできましたか？　その時どんな気持ちでしたか？

④3種類の指ウェーブをして、どのように気持ちが違いましたか？

ワーク3　しりとり

① 4〜6人で1組。
② 手拍子をしながらリズミカルに、順番にしりとりをする。
③ ルールは、テンポよく進めること。同じ言葉が出てもよい。「ん」で終わってもよい。「ん」で始まる単語はあり、「ンジャメナ（アフリカ、チャドの首都）」「ングル（ナイジェリア北部の都市）」「ンボマ（カメルーンのサッカー選手の名前）」「ンデベレ族（アフリカの部族名）」「んかじ（沖縄の言葉でむかで）」など。3分

ワーク4　one word 1

① 4〜6人で1組。
② 手拍子をしながらリズミカルに1人一節ずつ、順番にフレーズを言う。
　例、「わたしは」「明日」「電車で」「出かける」など。
③ グループで言葉をつないで、文にし、物語をつくっていく。3分
　ルールは、テンポよく進めること、1人一節のみ、時間になったら話を終わらせること。

ワーク5 one word 2

　ワーク4と同じ方法で、ルールに「おもしろい物語をつくる」ことを追加する。

ふりかえり

① one word 1のとき、楽しんでできましたか。話は途切れずできましたか？

② one word 2のとき、楽しんでできましたか？　話は途切れずに物語を創作できましたか？

③ one word 1のときと、one word 2のときの気持ちの違いはありましたか？　あったとしたらどのような違いですか？　また、その理由は何だと考えますか？

ふりかえりシート

インプロ2

日付

①one word1のとき、楽しんでできましたか？話は途切れずにできましたか？

②one word2のとき、楽しんでできましたか？　話は途切れずに物語を創作できましたか？

③one word1のときと、one word2のときの気持ちの違いはありましたか？　あったとしたらどのような違いですか？また、その理由は何だと考えますか？

このほか、空間的な余裕がある場所であれば、身体を使って違いを楽しむいくつかのワークをしてみよう。今回は、「プレゼント」を紹介する。

ワーク：6　プレゼント

① 2人1組になる。
② Aさん、Bさんを決め、向き合って立つ。
③ Aさんから、Bさんへプレゼントの箱を渡す演技をする。この箱は架空のものなので、大きさや重さもAさんの自由な発想で。
「これ、あなたへのプレゼント。悦んでくれると思って。」と言いながら渡す。
④ Bさんは、その箱の大きさ、重さを想像しながら受け取って、箱を開ける演技をする。そして、「ありがとう。こんなの欲しかったんだ。」「これ、〇〇だね。」と言う。
このときの〇〇はBさんが想像したもの。
⑤ Aさんは、Bさんの「〇〇だね」に合わせて、「そうそう、あなたは□□だから〇〇がピッタリだと思って」と答える。
⑥ Aさん、Bさんの役割を交代して③〜④を繰り返す。
⑦ 交代しながら時間が来るまで続ける。3〜5分。

ふりかえり
① 自分がプレゼントしたもの、相手の受け取ったものの違いはありましたか？　それはどのような違いでしたか？
② 相手との捉え方の違いから、どのようなことを感じましたか？
③ 気づいたこと、感想など

ふりかえりシート

日付

インプロ「プレゼント」

①自分がプレゼントしたもの、相手の受け取ったものの違いはありましたか？ それはどのような違いでしたか？

②相手との捉え方の違いから、どのようなことを感じましたか？

③気づいたこと、感想など。

3. ブラインドワーク 1

　この節では、非言語のうち視覚から入る情報を閉ざしたコミュニケーションを考える。「目は口ほどのものを言う」と言われているが、その目で見ることができないとき、どのようなコミュニケーションをとるだろうか。視覚情報の割合について、メラビアンの法則がある。メラビアンの法則では、「初対面の人物を認識する割合は、見た目・表情・しぐさ・視線等の視覚情報が55％、声の質・話す速さ・声の大きさ・口調等の聴覚情報が38％、言葉そのものの意味・話の内容等の言語情報が7％」[20]であると言われる。ただし、この法則は、コミュニケーション一般について語るものではなく、表情と言葉が矛盾しているときに何を判断の根拠とするかという問いに応えるものである。例えば、笑顔で辛辣な内容を話している場合、ポジティブな内容なのかネガティブな内容なのかを判断するときに、55％の割合で表情を根拠として判断するという意味である。

　視覚が閉ざされたとき、残りの聴覚、嗅覚、触覚、味覚を使ってどのようにコミュニケーションをとるのか、視覚は普段のコミュニケーションスタイルにどのような影響を与えているのかについて体験をもとに考えてみよう。普段は、服装や顔の表情、しぐさなどを見ながらコミュニケーションをとっているが、視覚以外の感覚を使って行うとどのような影響があるのだろうか。

　暗闇の中の対話が注目されているのは、自分のコミュニケーションスタイルを見つめ直す機会となるからではないだろうか。実際に目隠しをしてワークをしてみると、他の感覚が鋭くなるようで、特に聴覚が重要になり、声の抑揚や間を意識し、発する言

---

[20] https://kotobank.jp/word/ メラビアンの法則 -1125754　より

葉に普段よりも注意をむけるようになったという感想が多い。自分の発言についても、失礼にならないように慎重に言葉を選ぶようになった、いつもより深いコミュニケーションができたという受講者もいた。逆に言葉に敏感になる分、傷つきやすくなるのではないかという懸念をもつ人もいるようだ。視覚以外の非言語だけではなく。話の内容や表現の仕方など言語についても、その重要性を理解できるようになる。

　また、このワークを体験すると、目が見えている人は見えること、見えている風景のありがたさを感じ、視覚障がい者に対しての認識も変化するようで、健常者も障がい者も同じ人間であるということを実感する人が多い。さらに、健常者でも、視覚に障がいがあっても、周囲に支えてくれる人がいるからこそできることがあるし、支えてくれる人がいれば沢山のことができると感じた人もいる。道で目の見えない人で困っていそうな人を見たら、「あのう。トントン」[21]と声をかける勇気を持てるようになったという。

＊以下のワークでは、目隠しをしたワークの後では、目を開ける時ときに10秒ほどゆっくりと時間をかけて行うこと。

> ワーク1　視覚を閉ざすことに慣れる

① 　横一列（4～6人）に並んで目隠しをする。
② 　4種類の何かを順番に、一番端の人に渡すので、端にいる人は、触って確かめる。（このときは渡されたものが何である

---

[21] 視覚障がいのある人が困っていそうなとき、「あのう」と声をかけても、かけられた方は誰に声をかけているのかわからないので、コミュニケーションができない。そこで、軽く肩をトントンとして、相手を特定する。そして、「何かお手伝いできることはありますか？」と聞いてみよう。

かは言わないこと)
③ 何か分かったら、隣の人に渡す。(渡す方法も考えながら、コミュニケーションをとる)
④ 順番に隣の人に渡していく。
⑤ 最後に全員で一緒に目隠しをとる。
⑥ 触ったものは何だったかを答え合わせする。

ふりかえり
① 目が見えない中で触ったときの感触は、目が見えているときとどのように違いましたか？
② 触ったものの質感の違いなどを言葉にしてみましょう。
③ グループで共有するとき（手渡しするとき、渡されるときなど）はどのような気持ちでしたか？　また、渡し方はどのようにしましたか？

ふりかえりシート

ブラインドワーク1

日付

①目が見えない中で触ったときの感触は、目が見えているときとどのように違いましたか？

②触ったものの質感の違いなどを言葉にしてみましょう。

③グループで共有するとき（手渡しするとき、渡されるときなど）はどのような気持ちでしたか？　また、渡し方はどのようにしましたか？

ワーク2　暗闇点呼

① 6人程度で一グループをつくり、輪になって座る。
② 目隠しをする前に声を出し合って、グループの人がどんな声なのか確認しておくと良い。
③ 目隠しをして点呼する。
④ 順番や誰から始めるのかも決めておかずに、始める。
⑤ 1～6まで（a～f、あ～かまでなど、グループによって点呼の方法を変える）重ならずに、点呼ができたら手を挙げる。点呼の途中で同時に言う人がいたら、やりなおし。

⑥ 最後に、全員で1から点呼する。

ふりかえり
① 自分のグループの人達の声の違いを認識できましたか？
② ワークしているときは、どのような気持ちでしたか？
③ 全員が順番に言い終わったとき、どのような気持ちでしたか？
④ 気づいたこと、感想など。

ふりかえりシート

日付

ブラインドワーク2

①自分のグループの人達の声の違いを認識できましたか？

②ワークしているときは、どのような気持ちでしたか？

③全員が順番に言い終わったとき、どのような気持ちでしたか？

④気づいたこと、感想など。

4. ブラインドワーク2

　前の節では、椅子にすわったままのブラインド体験をした。今回は、広い体育館のような場所や屋外にて行う。身体を移動する際のコミュニケーションの仕方に、どのような違いと広がりがあるのかについて体験しよう。

　歩いてみると方向感覚がわからず、周りに何があるのもわからない状態なので、声を出しながら歩く、自己紹介しながら歩くなど、自ら積極的にコミュニケーションをとるなどの工夫をして取り組むようになる。情報発信しながら動かないと危険だと考え、自分の存在、存在位置をアピールすることを心掛けるようだ。普段は、あまり話をしない関係の人達の中では、自分からコミュニケーションを積極的にとりにくい。視覚を閉ざして歩くという場面では、積極的にコミュニケーションをとることが必要になり、声をかける練習にもなるようだ。このとき、インプロのルールである、自分を信じて、失敗を恐れないで行動することも体験できる。恥ずかしがらずに声を出すなど、何か自分から行動しなければ、動くことができないことも体感してほしい。

ワーク1　目隠し散歩（個人）

① 目隠しして散歩する。暗闇で歩くことになれる。他人にぶつからないように配慮すること。
② 体育館の内周を四角に歩く。5分
③ そのままワーク2へ移行する。

＊目隠しをして動くときは、ケガなどに注意して行うこと。

 ワーク2 サークル（全員）
① 目隠ししたまま、全員で手をつないで一つの輪（サークル）をつくる。できるだけ真円に近づけるようにするにはどうするかを話し合いながらつくる。
② サークルができたら、フォーメーションを変え、スクエアをつくる。
③ 目隠しをとって、どのようなスクエアができたかを確認する。

ふりかえり
① 目が見えない中で歩いたとき、どのような気持ちでしたか？
② 暗闇の中で友達に出会ったとき、どのような気持ちでしたか？
③ みんなでスクエアを作ったとき、どのような気持ちでしたか？
④ 気づいたこと、感想など。

ふりかえりシート

日付

ブラインドワーク3

①目が見えない中で歩いたとき、どのような気持ちでしたか？

②暗闇の中で友達に出会ったとき、どのような気持ちでしたか？

③みんなでスクエアを作ったとき、どのような気持ちでしたか？

④気づいたこと、感想など。

次は、誘導する、されることで丁寧なコミュニケーションを体感するワークをしてみよう。

　目隠しをしているときは、声をかけてくれる人を信用して前へ進む。誘導する方は、相手のことを配慮しながら、どのように声をかけると相手が安心して目的地まで進むことができるか工夫して声をかける。一度目隠しして誘導してもらった後であれば、その時の自分の気持ちや欲しかった情報などがわかるので、声をかけやすくなる。その時には、誘導する時の立ち位置や速度にも配慮したい。声が届きにくいところにいると不安になるし、目隠しをしている人が歩きたい速度よりも早いと不安になるので、その人とコミュニケーションをとりながらさまざまな要件を確認しつつ誘導する。

ワーク3　誘導ペア1

　あらかじめ数十メートル程度間隔をあけて、平行にラインを2本引いておく。または、目標物を設定しておく。体育館の場合は、コートのエンドライン等を利用してもよい。

① 二人一組。
② Aさん、Bさんを決める。Aさんが目隠しする。Bさんは誘導する。
③ ラインからラインまで、目隠ししたAさんをBさんは声をかけて誘導する。
④ ラインまで到達したら、交代する。

ワーク4　誘導ペア2
① ラインからラインまで、目隠ししたAさんをBさんが腕をつかませて、声をかけながら誘導する。イラスト参照
② ラインまで到達したら、交代する。

ふりかえり
① 誘導してもらったときはどのような気持ちでしたか？
② 誘導したときはどのような気持ちでしたか？
③ 声だけのときと手を引いた、引かれたときにどのように気持ちの違いがありましたか？
④ コミュニケーションの取り方などについて、気づきや感想など

ふりかえりシート

日付

ブラインドワーク4

①誘導してもらったときは、どのような気持ちでしたか？

②誘導したときは、どのような気持ちでしたか？

③声だけのときと手を引いた、引かれたときにどのように気持ちの違いがありましたか？

④コミュニケーションの取り方などについて、気づきや感想など。

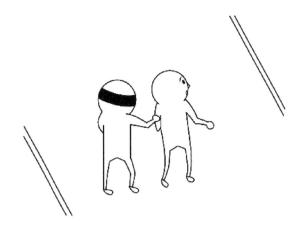

ワーク：4は、次のステップとして、やってみよう。

🔲 ワーク：4　外に出てみよう 🔲

① 2人1組になる。
② Aさん、Bさんを決める。
③ Aさんが目隠しし、Bさんは誘導する。
④ 階段やいすに座る、障害物を乗り越えるなど、戸外に出て誘導する。
⑤ AさんとBさんの役割を交代する。

5.「伝える」と「伝わる」

　伝えたつもりが、伝わっていなかった、理解されていなかったという経験は多いはず。どのようにしたら「伝わる」のかについて考える。

　図のように、情報のボールを投げる（発信）と、相手がキャッチすれば伝わったということになり、キャッチしてくれなければ伝わらなかったとなる。伝わるとは、発信された情報が、第一段階では相手がその情報があることを知る。次の段階で経路が分か

[図 伝わる、伝わらない]

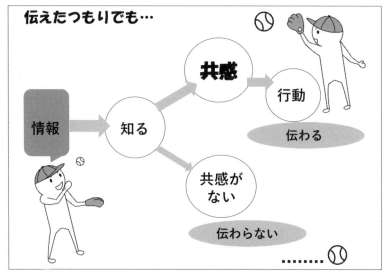

れる。相手が共感し、行動に移るときは伝わったといえる。情報を発信しても、相手がその存在に気が付かない、存在に気が付いても共感がないと、行動へつながらない。この場合は伝わっていないことになる。では、伝わらないのであれば、情報を発信するのは無駄なのかといいたいところであるが、伝わらないとしても伝えるという行動を起こさなければ伝わることはありえない。どのようにしたら、伝わるのかを工夫することが大切である。

伝わるためのポイントは３つあるといわれている。インプロの要素に含まれている原則である、①自分をさらけ出し、かっこうをつけないこと、②その場に存在すること、③実感した自分の言葉で語ることであると言われている。心に余裕の隙間をもつことで、情報が入りやすく、発信しやすい状態にしておくことも事前準備として大切なポイントである。

伝言ゲームをご存知だろうか。伝言ゲームも伝え方や内容、内

容の理解度によって難易度が異なる。単純に文字数の多寡によって伝わる、伝わらないは決められないのである。ワークでは、伝えたつもりだが本当に伝わっているのかについての検証し、伝わるコミュニケーションの方法を探ってみよう。

ワーク1　伝える1「伝言ゲーム」

① 縦一列になり、4人以上数列で行う。
② 先頭の人に「ある文章」を伝える。
③ 先頭の人から順にできる限り正確に「ある文章」を伝えていく。
④ 一番後ろの人は「ある文章」を書き留める。
⑤ 全列が終了したところで一番後ろの人が「ある文章」を発表する。
⑥ 与えられた「ある文章」を披露して、答え合わせをする。

文章の例
- 「伝える」と「伝わる」の違いは、一方向と双方向の違いである。一方向を双方向にするのがコミュニケーションだ。
- 思いを伝えるということは、自分の思いや伝えたいことを考えることで、より伝わりやすくなる。
- 考えを深めたり、問題を体系的にまとめたりするのはピラミッド型の図形を使うと良い。

ワーク１は、言葉通りに伝える。伝える方、伝えられる方双方に言葉通り、一言一句間違えないようにというプレッシャーがかかり、伝えられる意味を理解する、相手が何を伝えたいのかというよりも、音を伝えるという意味が大きくなるようである。

　続くワーク２では、伝える文言は設定してあるものの、内容や意味するところが伝わればよいとする。自分の言葉で伝えるので、話のポイントを押さえておこうとして話をよく聴き、一旦自分で整理する。その後に、自分の言葉で伝えようとするので、うまく伝えられるようになり、相手が理解しやすくなる。

　それぞれが自分なりの解釈をして伝えると、多少のずれが生じることもあるが、主旨は伝わる。

▎ワーク２　伝える２「伝言ゲーム　アレンジ編」

① ワーク１の体系で行う。（並び順を変えた方が良い）
② 先頭の人に「あるできごと」を伝える。
③ 先頭の人から順に「あるできごと」を自分の言葉にして伝える。
④ 一番後ろの人は「あるできごと」を自分の言葉にして記入する。
⑤ 全列が終了したところで一番後ろの人が「あるできごと」を発表する。
⑥ 与えられた「あるできごと」を披露して、答え合わせをする。

文章の例
・ 天ぷらを揚げているときに地震が来た。立っていられないほど大きく揺れたので、思わず身をかがめた。しかし、ガスの火がまだ消えていない。これはいけないと思い、まだ揺れていたし、天ぷら鍋もひっくり返りそうだったが、手を伸ばして火を消した。

- 昨夜、豪雨警報が出るほどの雨が降った。私が乗っていた新幹線が停電で止まってしまった。いつ動き出すのかわからない不安と焦りがあり、しかも満員だったので、車内は蒸し暑く、5時間後に名古屋駅に着いたときには、ヘトヘトだった。
- 大雨の中、車を運転していた、ワイパーを最速で動かしても前が見えにくかった。横断歩道を傘をさした男の子が渡るのに気が付かなかった。寸前のところで気が付き、急ブレーキを踏んだ。男の子も車に気が付いて走ってくれたので、無事に済んだ。

「ある文章」「あるできごと」は座っている列ごとに異なる方がよい。

ふりかえり
① ワーク1で提示された文章をそのまま伝えたとき、伝えられたときはどのような気持ちでしたか？
② ワーク2で提示された文章を自分の言葉で伝えたとき、伝えられたときはどのような気持ちでしたか？
③ 文章をそのまま伝えた、伝えられたときと、自分の言葉にして伝えた、伝えられたときにはどのような違いがありましたか？
④ 伝えるとき、どのようなことに配慮すると、より伝わると思いましたか？

ふりかえりシート

日付

伝える1

①ワーク1で提示された文章をそのまま伝えたとき、伝えられたときはどのような気持ちでしたか？

②ワーク2で提示された文章を自分の言葉で伝えたとき、伝えられたときはどのような気持ちでしたか？

③文章をそのまま伝えた、伝えられたときと、自分の言葉にして伝えた、伝えられたときにはどのような違いがありましたか？

④伝えるとき、どのようなことに配慮すると、より伝わると思いましたか？

自分の伝えたい思いや意思をより伝わりやすくするには、まずは、自分で本当の思いや考えは何か、どのようなことなのかを堀下げて考えることが重要である。思いや意思の背景を考え、根底にあるものにまで辿りつくと、無駄な言葉が減り、伝わりやすくなる。そこに至るプロセスも自覚しているので、いろいろな視点から伝えることができるようになる。

　ここで、「会話を記録する」に出てきた、ピラミッド図を思い出そう。なぜを繰り返して本当の思い、考えに到達するまで掘り下げていくツールである。これを使うと掘り下げていく手助けとなる。

　また、ピラミッド図を使うと、自分の考えがまとまるだけでなく、スムーズに言いたいことをたくさん言えるようになる人もいる。また、自分が分かっているから他人も分かっているだろうと今まで省略してしまっていたようなことを、順序だてて説明をするようになったり、リズムをつけたり、伝えているときに共感を得ようとしたり、絵やジェスチャーを活用したり、より感情を盛り上げようとしながら伝える方法を考えたりと余裕が出る人もいる。「伝える」で後述するが、結論から言った方が分かりやすいのではという工夫をする人も出てくる。一番のコツは、「うまく話すことをゴールにしない」で自然体で、インプロのときの心構えで自分の言葉で語ると言葉に詰まりにくく、より伝わりやすくなる。

ワーク3　伝える準備

① 　1人でピラミッド図に記入する。
　　例．「私が今はまっていること」「最近感動したこと」など。
② 　3人1組（あまり話したことがない人と組む）。
③ 　Aさん、Bさん、Cさんを決める。

④ Aさんは、ピラミッド図を見ながら、自分の言葉で、例え話を入れながら伝える。
Bさん、Cさんは、Aさんの話を聴く。（質問はしない）3分

⑤ 伝えられた後、共感できたか、Aさんがはまっていること、感動したことなどに興味をもち、やってみたいと思ったかなどをフィードバックする。3分
⑥ Bさん、Cさんも順にストーリーで語る。

ふりかえり
① ピラミッド型で自分の考えを整理できましたか？ 自分の言いたいことを形にした感想は？
② 他の人が伝えようとしていることに共感、または興味を感じましたか？
③ フィードバックを受けて、もっと自分の伝えたいことが伝わるようにするには、どうしたらいいと考えますか？
④ 気づいたこと、感想など。

ふりかえりシート

日付

伝える1

①ピラミッド型で自分の考えを整理できましたか？

　自分の言いたいことを形にした感想は？

②他の人が伝えようとしていることに共感、または興味を感じましたか？

③フィードバックを受けて、もっと自分の伝えたいことが伝わるようにするには、どうしたらいいと考えますか？

④気づいたこと、感想など

6. 伝える1

　コミュニケーションは情報の一方通行ではなく双方向の作用であると書いてきた。前節ではピラミッド型を使って伝える内容を準備した。今回は、それを活用した効果的な伝え方について考えてみよう。

　まずは、ピラミッド型を使って、伝えたいことの整理をする。その後、5W1Hに関する情報も必要に応じて差し込んでいくと伝えやすくなる。自分の想いを伝えるには、自分が一番関心のあることは何かを掘り下げ、その理由を挙げる。そして、伝えたいことを整理し、ポイントを絞って話すと聞き手が理解しやすくなる。伝える時には、相手の思考を邪魔するような余分な情報を捨てることも重要である。言いたいことはたくさんあるかもしれないが、情報が多すぎると、聞き手がうまくキャッチできないことがある。キャッチされなければ意味がない。あなたの言いたいことをキャッチしてもらうことを第一に考えて、必要な情報を絞り込もう。

　効果的に伝える方法として、ポイント提示型、ストーリー型、ビジョン・アクション型がある。

(1) ポイント提示型

　メインのメッセージを支える論点を並列に示し、例示を交えて解説する。例えば、「この話のポイントは3つあります。AとBとCです。はじめにAについてはこのようなことであり、具体的にはこんなことがあります。2つ目はBです。Bについては…」を繰り返し、Cまで伝えた後、最後に、「したがって、結論はこうなります。」ともう一度結論を伝えて終わる。この方法では、シンプルに力強く想いや主張を伝えることができる。例示では、

エピソードなどイメージしやすい具体例やストーリーを示すと、より伝わりやすい。

ポイント提示型のアドバンス形として、PREP法がある。PREP法は、P（Point）、R（Reason）、E（Example）、P（Point）の頭文字をとったもので、結論、理由、例示、結論の順に話を進めていく。ビジネスシーンで多用される方法である。プレゼンによく活用されるが、プレゼンの場面ではなくても、何かを簡潔に伝えたいときには応用できる。ポイント型の発展形と捉えておけば、活用しやすいだろう。「結論─ポイント提示型＋理由─結論」となる。始まりの部分で結論を示し、自分の主張したいことをあらかじめ聞き手に伝えておく。すると聞き手は主張を聞く準備ができる。そして、その結論に至った理由を例えば「理由は3つあります」というようにポイント型で述べる。その理由の具体的な事例やその理由に至った経緯などを示すことで理解を促進する。また、ポイントは3つ程度が適切である。これ以上多くなると、聞き手が全体像を把握しづらくなったり、論点がぼけたりするといわれている。

聞き手が納得したところで、最後にもう一度結論を言うと、伝えたいことがより分かりやすく印象的に伝わり、相手の納得度も高くなる。

(2) ストーリー型

実体験とそこから学んだ教訓を物語で伝える方法で、何が見えたか、何が聞こえたか、何を感じたかなどを整理し、学んだことを教訓として伝える方法である。「状況設定→葛藤→解決→教訓」の流れで整理する。まず、状況設定では、どのような状況で何を体験したのか、そのときどのようなことを考え悩んだのか（葛藤）、実行した結果どのようなことが起きたのか（解決）を時系

列に並べて俯瞰する。俯瞰してプロセスをふりかえってみたとき、そこから学んだこと、導き出せる教訓は何かを考える。この一連の流れをストーリーとして伝えることで、聞き手と経験を共有することができる。聞き手が追体験できるので、共感を得やすい。このときの注意点は、体験を具体的に聞き手にわかるように整理して話すことである。相手が知らない言葉（専門用語など）は避け、関連したエピソードを入れる。自分が感じたことを話すこともポイントである。

ストーリーを作るのは難しいと思いがちだが、ピラミッド型に整理したポイントをもとにするとストーリーの骨格が思いのほか簡単にでき、そこにそのときの気持ちなどを挟むとより物語らしくなる。ストーリー型は物語性で聞き手の共感を得て、教訓を共感を伴って伝わる。

(3) ビジョン・アクション型

ビジョン・アクション型は、ありたい姿・あるべき姿になる提案や相手に何かをしてほしいときに使用する方法である。未来の姿を共に共有し、目標に向けた行動を望んでいるともいえる。一人ではできないこと、協力が必要なことなどがあるときには、この方法を試みてほしい。

「ビジョン→注目→問題点→解決策→アクション」の流れで進める。目指すべき姿、ありたい姿を示し、その契機となった注目すべき視点や出来事を提示する。その中での問題点を発見し、背景にある原理などを掘り下げる。そこから導き出した解決策と解決に向けた行動を提示する。この方法では、聞き手が納得した行動をとることを促しやすい利点がある。話の最後に、具体的に何をすれば良いのかを盛り込むと聞き手が何をすればよいのかわかり、行動しやすくなったのと同様に聴き手が理解しやすく、自分

ごととしてとらえやすくなる。

　伝えるときのポイントは、いずれの場合もゆっくり話す、聴いている側の気持ちになって話すようにすると伝わりやすい。また、話をするときに、自分が伝えたいことだけを考えず、どうしたら相手に伝わりやすいかを考えることも大切である。一度、聞き手の立場になって考えてみよう。自分が聞き手の立場になったつもりで、この例え話で伝わるだろうか、自分がその立場だったら理解できるだろうかと見直してみることも大切だ。最後に、型にはまりすぎてぎこちなくならないよう、型を意識しつつも自分なりの言葉で心を込めて伝えてみよう。

ワーク1　準備

① 1人でピラミッド図を書く。
　　テーマは、私が今はまっていること、管理栄養士コースに入った理由、管理栄養士としてやってみたいことなど
② どの型で伝えるのか、どこまで望んでいるかを考え、シミュレーションしてみる。
③ 流れをメモに書いてみる。

> ワーク2 伝える3

① 3人1組。(普段、あまり話していないひとと組む)
② Aさん、Bさん、Cさんを決める。
③ Aさんはメモを見ながら、自分の言葉でいずれかの型で伝える。2分厳守。
④ Bさん、Cさんは聴いている。
伝えられた後、共感できたか？ 自分もやってみようと思ったか、どこに興味を感じたかなどをAさんにフィードバックする。3分
⑤ Bさん、Cさんも順番に③〜④を繰り返す。

ふりかえり
① 自分の言いたかったことは伝わりましたか？
② 他の人が伝えようとしていることに共感、または興味を感じましたか？
③ フィードバックを受けて、もっと自分の伝えたいことが伝わるようにするには、どうしたらいいと思いましたか？
④ 気づいたこと、感想など

ふりかえりシート

日付

伝える2

①自分の言いたかったことは伝わりましたか？

②他の人が伝えようとしていることに共感、または興味を感じましたか？

③フィードバックを受けて、もっと自分の伝えたいことが伝わるようにするには、どうしたらいいと思いましたか？

④気づいたこと、感想など

7. 伝える2　アドバンス編（コミュニティ・オーガナイジングから）

　ストーリー型のアドバンス形として、マーシャル・ガンツ博士の提唱するコミュニティ・オーガナイジング[22]の中にパブリック・ナラティブと呼ばれる、ストーリーで伝える方法がある。コミュニティ・オーガナイジングは、「社会を、変えるときに、周りを巻き込み、仲間を増やし。その力を戦略的に活用して、現実に課題を解決していくための手法」[23]である。ストーリーによる演説を聞いた市民が立ち上がり行動する。協力してコミュニティをつくり、社会を変えていくというプロセスの活動を体系化したものである。ここでは共感を得ることが重要である。どのようにストーリーを組み立てれば共感されるのか、仲間ができるのかについて語られている。

　人が行動を起こすとき、かならずストーリーがある。行動を起こさない人には無関心や恐れがある。関心を引き、共感を得、心を動かすことが重要なのである。人はきっかけがあれば思いを共有し、活動したいと思っているのだ。そのためには、ストーリーに共感・感情移入できることが必要である。

　ストーリーを以下の順序に組み立てる。①セルフ（self 背景を語る）自分を飾らずに率直に語ることから共感がはじまる。自分の体験やそのときの感情などを語る。②アス（us 価値の共有、経験の共有をする）体験を共有する。私とあなたの利害が一致することを知る。あなたや、あなたの周りにもセルフで語ったのと同じような体験をしている人はいないだろうかと問いかけ、関心

---

[22] http://communityorganizing.jp/co/info/
[23] http://gendai.ismedia.jp/articles/-/38021

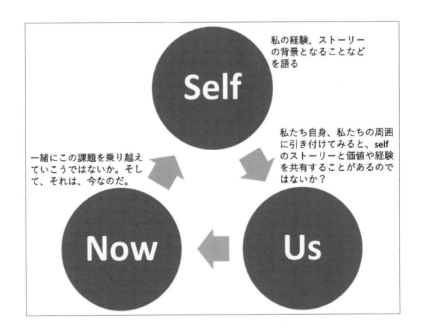

を他人事ではなく自分事にしていく。自分の周辺にそのような人がいると分かれば、関心は高まる。③ナウ（now 戦略と行動）聞き手に「今、行動する」理由を与える。一緒にこの課題を乗り越えていこうではないか。そのためには、こういうことをしようではないか、と語りかけ、同志を募っていく。ガンツ博士はこの方法でコミュニティをつくり、つなげ、社会変革を起こしていったという。

　ストーリー型で伝える方法は、共感を得ることができ、行動を促しやすい、ムーブメントを創るという効果が期待できる。

ワーク１（ストーリーで伝える体験）個人ワーク
① 自分の経験や持っている情報の中で、「こうしたらもっと良くなるのでは？」「こうしたい」などの話題を考える。
② Seif　自分の体験、感想、気持ちなどをシートに記入する。

③ Us　自分の体験を広げる。他にも同じような経験はないか？　例示を考え、シートに記入する。
④ Now　その課題を解決するためにはどのようなことができるのか？　どうしたら良いのか？　そして、一人一人にできることは何かを考えシートに記入する。

自分の経験をストーリーで語るワークシート

Self 私の経験、ストーリーの背景となることなど

Us selfのストーリーと価値や経験を私たち自身、私たちの周囲に引き付けてみると、どんなことがあるだろうか？

Now 一緒にこの課題を乗り越えていこうではないか。そして、それは、今なのだ！　と呼びかけよう。

▌ワーク2（ストーリーで伝える体験）プレゼン
① 3人1組になり、プレゼンの順番を決める。
② 1番の人から順にシートに基づいてプレゼンする。他の二人は聴いている。1人5分。
③ 聴いていた2人からプレゼンした人にフィードバックする。（Iメッセージで）2分。

ふりかえり
① 自分の伝えたいことを伝えられたと思いますか？　他の人からのフィードバックを受けて、どう感じましたか？
② 他の人のプレゼンを聞いた感想は？　ストーリーで伝えられたときの気持ちは？
③ 気づいたこと、感想など。

ふりかえりシート

自分の体験をストーリーで伝える

日付

①自分の伝えたいことを伝えられたと思いますか？ 他の人からのフィードバックを受けて、どう感じましたか？

②他の人のプレゼンを聞いた感想は？ ストーリーで伝えられたときの気持ちは？

③気づいたこと、感想など。

第5章　対話

　対話（dialogue）の語源はギリシャ語で dia（〜を通じて）＋ logue（言葉）であり、言葉を通して伝える、探求していくという意味になる。対話というと２人で対峙して話をするというイメージがあるが、人数のこだわりはなく、多人数の間でも、一人でも成り立つ。

　対話に似た言葉に会話、議論がある。おおまかにいうと、会話は、親しい、初めて会うなどに関わらずに人間関係をつくり深めるものである。雑談や会話は明確な目的はなく、したがって聞き手も必ずしも傾聴しているとは限らないことがある。むしろ、聞き流していることもある。議論は、意見を主張し合い、最適な答えや正統性などを話し合い、説得し合って、結論を出すことを目的としている。対話は異なる価値観などをすり合わせる行為であり、ものごとの本質を探求していく、つながっていく。従って、結論を出すという目的はなく、話し手の話を傾聴することが求められる。

会話	討論	対話
雑談、（親しい人との）おしゃべり	自分の価値観と理論によって相手を説得する	異なる価値観などをすりあわせる行為、探求

　ここ数年で「対話」という文字を目にする機会が増えてきた。まずは、その理由について考えてみよう。「対話とは、相手を説得するものではなく、共通理解を探し出す行為だ」[24] と言われて

---

[24] デヴィッド・ボーム（2007年）p195

いる。前述の「異なる価値観をすり合わせる」ため、共通理解を探すことになる。その行為が「人間と人間の間をつなぎ交流させ、個人を成長・発達させる場」[25]となっていくのである。対話の場ではこのようなことが起きていく。

　ここ数年、対話の必要性が言われるようになってきたのは、「はじめに」で述べたように、バラバラになってしまった人々が、人間本来のコミュニケーションスタイルを取り戻し、もう一度つながりたいという揺り戻しということもできるだろう。対話を促進するためには、いくつかの前提をもっていると良い。その前提は①相手のことはわからない、②わからないから話すことから始まる、③相手の意見を尊重することは自分の身の安全を図ること[26]でもある。

　自分のことはわかってもらえない、と思うことは少なくない。同様に、他人も同じような印象を持っている。お互いに分からないから話をして歩み寄ることが大切なのだ。しかし、コミュニケーションの中で、相手の意見の背景（意見の背後に潜む事情や体験、考え方など）を知らずに自分の価値観で決めつけてしまうことで、たとえ、そこまでの意図がなくても、相手が「尊重されていない」「傷ついたと」感じることがある。そう思われてしまうと対話は成り立たない。

　対話の章では、自分と対話し、自分の認識していなかった面を知ることでコミュニケーションのスタイルを考えるきっかけにしたい。また、多人数と対話の経験から、コミュニケーションによって「つながる」体験をしてみたい。

---

[25]　暉峻淑子（2017年）pv
[26]　北川達夫（2010年）p16〜19

1. 自分との対話

　対話の第一段階として、自分と対話しながら自分を見つめ、自己分析する試みに挑戦しよう。自分と対話するときも、自分はこういう人間だという思い込みのもとに進めていくと、自分を尊重することを忘れてしまうこともある。自分を客観的に見て分析することは、自分を一人の人間として尊重する一つの方法でもある。

(1) SWOT 分析

　自分と対話するツールとして、SWOT 分析を応用する。SWOT 分析は、S（strengths）強みや長所、W（weaknesses）弱みや短所、O（opportunities）強味を発揮できる機会やさらに向上する外部要因、T（threats）弱みが出てしまう脅威となるものや強味が発揮できない障壁となる外部要因を分析し、そこから成長戦略を練っていくフレームである（図7）。ビジネスシーンではよく使われるが、自分を分析する一つの方法としてこの表を活用してみたい。

　一つ一つ細かく分けて丁寧に考えることで新しい自分が見えてくる。また、機会を考えるとき、長所が活かせる場面を想定するので、長所を発揮することに対して自信がもてるといった効果もあるようだ。脅威を考えるときは、自分のコミュニケーションの傾向も見えてくるだろう。この分析を活用して、今後のコミュニケーションに活用してほしい。

　ワーク1　個人で SWOT 表に記入する。
① 「強み」には自分の長所や強味、「弱み」には自分の短所や弱みを記入する。

(図7 SWOT表)

	Strengths(強み)	Weaknesses(弱み)
内部環境	→自分の強みは何か？	→自分の弱みは何か？
外部環境	Opportunities(機会) →どのように機会を利用して、強味を発揮するか？	Treats(脅威) →弱みが出てしまうときはどのような条件があるのか？

　長所は、短所をリフレーミングすると出てくることもある。「リフレーミング」を思い出して記入してみよう。
② 「機会」に記入する。どのような機会があれば長所が生かせるのか。長所をさらに伸ばすことができるのか。強味を出せるのか。
　　また、どのような場合に短所が長所となるのか。どのような場合に短所が長所となるのかについて記入する。
③ 「脅威」では、どのような時に長所が短所となってしまうのか、短所として表出してしまうのだろうか。記入する。
④ 記入したシートを見て、改めて自分を見つめた感想を記入する。8分

(2) ジョハリの窓
　SWOT分析では、自分との対話によって自分を見つめた。次は、ジョハリの窓の概念を活用してみよう。他者との対話の中で、さらに自分を深く見つめることに挑戦するのだ。ジョハリの窓は、対話によって客観的な自分を知ることで、自分だけでは気づかなかった深い自己分析をし、他人とのコミュニケーションを円

SWOT表

強み	弱み

機会	脅威

滑にする心理学等でよく使われる、ジョセフ・ルフトとハリー・インガムが開発した概念モデルである。

　ジョハリの窓（図8）は、横軸に自分に分かっているかいないか、縦軸に他人に分かっているかいないかを設けて4分割する。この4象限の中で、自分も分かっており、他人にもわかっている部分を「開放の窓」、自分は分かっていないが、他人は見ている、分かっている部分が「盲点の窓」、隠された自己であり、自分は知っているが、他人は気づいていない部分を「秘密の窓」、「未知の窓」は、自分も含む誰からもまだ知られていない自己を表している。

　「開放的な人は開放の窓が大きく、盲点の窓も大きくなる。心を閉ざす人は開放の窓が小さくなり、盲点の窓も小さくなる。自分を他者に開くという作業は盲点の窓も大きくなるということであるので、自分の知らない部分に気づかされることになる。受け入れがたい部分にも気づくことになる。」[27]

　自分との対話、他者との対話によって自分を再認識し自分の気づかなかった部分を知り、他人に分かっていない部分を少しオープンにすることで自分のコミュニケーションスタイルを探り、広げる手がかりになる。

---

[27] 倉八順子、2016年、p95

(図8　ジョハリの窓)

	自分に分かっている	自分に分かっていない
他人に分かっている	**開放の窓** 公開された自己	**盲目の窓** 自分は気が付いていないが、他人からは見られている自己 （対話によって知る部分）
他人に分かっていない	**秘密の窓** 隠された自己 （自分との対話によって浮上する部分）	**未知の窓** 誰からもまだ知られていない自己

ワーク2　ジョハリの窓（個人）
① SWOT表に記入した事項を参考に、ジョハリの窓シートの該当するところに記入する。
② 自分のアピールポイントを考える。　10分

ワーク3　ジョハリの窓（グループワーク）
① 3人1組になる。
② AさんBさん、Cさんを決める。
③ Aさんから順に自己アピールする。3分。
④ Bさん、Cさんの2人から自己アピールを聞いた感想やAさんの印象などのフィードバックを受け、盲点の窓に記入する。3分。

ジョハリの窓

開放の窓（公開された自己）	盲点の窓（自分は気が付いていないものの、他人からは見られている自己）
秘密の窓（隠された自己）	未知の窓（誰からもまだ知られていない自己）

⑤　Bさん、Cさん順に③④を繰り返して行う。

ふりかえり
①　SWOTで今の自分を整理できましたか？
②　アピールポイントを何にしましたか？　その理由は何ですか？
③　自分のことを改めて冷静に見たとき、どのような発見がありましたか？
④　ジョハリの窓のワークをして気づいたことは何ですか？

ふりかえりシート

日付

自分との対話

①SWOTで今の自分を整理できましたか？

②アピールポイントを何にしましたか？　その理由は何ですか？

③自分のことを改めて冷静に見たとき、どのような発見がありましたか？

④ジョハリの窓のワークをして気づいたことは何ですか？

2. 自分をアピールする

　SWOT分析、ジョハリの窓で自分との対話、少人数の対話でそのブラッシュアップをしてきた。次のステップでは、自分を知ってもらうために、自己アピールをしてみよう。少し恥ずかしいかもしれないが、自分の良い所を知ってもらうという気持ちでプレゼンしてみよう。

　これは、SWOT分析で検討した「脅威」が迫ってきて、ネガティブになりそうなときの対処法の一つとしても役立つだろう。脅威が近くにきたときに、一度立ち止まり、自分の長所を発揮できるような「機会」とするために、コップに入った半分の水のように、置かれている状況をどのように捉え、行動すればよいのかを考えるトレーニングにもなるだろう。フィードバックをもらうことで、自信ができることもある。

> ワーク1　自分チラシを作成する（個人）

① 前説のSWOT分析表、ジョハリの窓シートを基にして、自分チラシを作成する。作成する時にはポジティブな面に焦点を当てるように心がけること。30分。

自分チラシの見本

名前
_____

キャッチコピー（自分をわかりやすく初めての人に伝えるコピー）

自分のイメージ（似顔絵、キャッチコピーのイメージなど）

強み（長所、短所はリフレーミングして）

こんな機会（チャンス）があればこんなことしてみたい

アピール（こんな脅威にはこんな風に対処する、もっとこんな機会を創っていきたいなど）

ワーク2　自分チラシ2（グループワーク）

① 3人1組（あまり話さない人と組む）になる。
② Aさん、Bさん、Cさんを決める。
③ Aさんは、自分チラシを見せながら自己紹介プレゼンをする。2分。Bさん、Cさんはプレゼンを聞く。
④ プレゼンが終わったら、Bさん、Cさんは、感想とフィードバックをする。フィードバックは、Aさんはこんな人に見える。こういう人だと思っていたなど。さらに、Aさんのプレゼンに出てこなかったAさんのイメージを伝える。Aさんはそのフィードバックを「ジョハリの窓」の開放の窓、または盲点の窓に記入する。3分。
⑤ Bさん、Cさんの順に③④を繰り返す。

　プレゼンする際には、「自分チラシ」の項目を読み上げるだけでは2分でも余ってしまうので、＊「伝える」のプレゼンの方法を活用しながら、必ず2分は行うこと。

ふりかえり
① 自分のチラシを作った感想は？
② プレゼンをしてみた感想は？
③ フィードバックをもらって新たな発見はありましたか？　フィードバックをもらった感想は？
④ 他の人のプレゼンを聞いた感想は？　その人に関して新たな発見がありましたか？
⑤ フィードバックをした感想は？
⑥ 自分プレゼンのワークをして気づいたこと、感想など。

ふりかえりシート

日付

自分をアピールする　no.1

①自分チラシを作った感想は？

②プレゼンをしてみた感想は？

③フィードバックをもらって新たな発見はありましたか？　フィードバックをもらった感想は？

ふりかえりシート

自分をアピールする　no.2

日付

④他の人のプレゼンを聞いた感想は？その人に関して新たな発見はありましたか？

⑤フィードバックをした感想は？

⑥自分プレゼンのワークをして気づいたこと、感想など。

3. 多人数の対話

　自分との対話、その対話を深めるための他者との対話を学んできた。ここでは、多人数での対話について考えてみよう。

　対話は対等な立場での話し合いである。対話の場にいる全員と対等な関係であるためにも、自分を見つめ、今の自分の存在、ありようを認め、自分を肯定することが大切である。こうして、コミュニケーションを築く対話の場に臨むマインドも整ってきた。今こそ、多人数での対話に挑戦してみよう。

　ここで忘れてはならないのが対話の前提である。人はそれぞれ考えていることも受け取り方も異なっているということである。今まで述べてきたように、文化や背景の違いは当然ある。その違いを味わいながら対話を楽しんでほしい。自分では常識だと思っていることは誰かにとっては発見であったり、新しい何かであったりする場面が少なからずある。「自分の意見なんて大したことない」「きっとみんなそれくらい考えている」などと決めつけずに積極的に自分の言葉で発言してほしい。自分が感じたこと、考えたことをＩメッセージで発言してほしい。もちろん、他のメンバーの発言に対しても否定はしないこと。

　そして、自分の発言や他人の発言に対しても、一旦、立ち止まって考えてほしい。否定するのではなく、掘り下げて考えよう。そのときのキーワードは「本当にそれだけだろうか」「その発言の背景はどのようなことだろうか」である。

　多人数での対話は、市民が参加するときにも活用できる。市民間、市民活動団体などの交流の場、新しい計画のアイデアなどを考えるとき、そして、合意形成の場面でも活用できる。合意形成では、前向きな対話で参加者の前提を共有し、そのうえで全員でひとつに創り上げていくのである。いろいろな意見をもっている

市民の間であっても合意が形成されていく[28]。

ワールドカフェ

　対話の進め方の一つを提案をしたい。小グループの対話を全体の対話に広げていく「ワールドカフェ」という進め方である。

　ワールドカフェは、1995年にアニータ・ブラウンとデヴィッド・アイザックによって始められた方法でコミュニティや企業でも活用され、近年ではさらに活用の場が広がっている[29]。「できるだけ多くの関係者が集まって、自分たちの課題や目指したい未来などについて話し合う大規模な会話の手法」[30]であるホールシステム・アプローチという対話を中心とした、未来への変革の実現を目指す取り組みの一つである。ホールシステム・アプローチにはワールドカフェをはじめとしてAI（Appreciative Inquiry）[31]、OST（Open Space Technology）[32]、フューチャーサーチ[33]などの方法がある。

　ワールドカフェを行うには基本的には以下の条件が望ましいと

---

[28] 合意形成の事例については、林加代子（2016年）p16〜21に掲載。
[29] アニータ・ブラウン他（2007年）より
[30] 香取一昭他（2011年）p15〜16
[31] AIとは「ヒューマン・システム（人間が作り出すシステムが最善の状態で機能しているとき、それに生命を吹き込んでいるものは何か）についての研究や探求である」ダイアナ・ホイットニー他（2006年）p18。課題解決という原因をつきとめて解決していくアプローチではなく、前向きに対話を積み重ねていくことでありたい姿を描き、目指していくアプローチである。
[32] 会議やフォーラムなどで最も評価されたのがコーヒーブレイクだったことを基に、コーヒーブレイクでのミーティングをプログラム化したカンファレンスの進行方法、ハリソン・オーエン（2007年）p6
[33] 「大人数でアクションプランを作成するためのミーティングであり、利害関係者であるホール・システムが一堂に会し、具体的な課題に焦点を当てて取り組むための方法」マーヴィン・ワイスボード他（2009年）pv

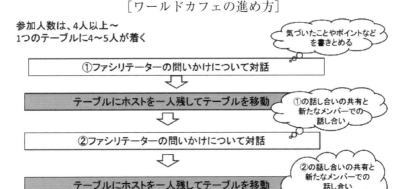

[ワールドカフェの進め方]

されている。12人以上であれば何人でも（1000人でも可能）、90分以上時間があるときで、何かを共有・探求・創造していく場面が適している。

ワールドカフェでは、その名のとおり、カフェにいるようなリラックスした雰囲気の中で対話を進めることが特徴となっている。カフェの雰囲気を演出したり、お茶やお菓子を準備したりして、リラックスできるように演出することもある。

進め方は、4～5人で一つのテーブルを囲み、20分～30分ほどテーマについての対話を行う（ラウンド1）。このとき、テーブルの上に模造紙などを置き全員がペンを持ち、感じたことや大切だと思ったことなどをそれぞれ模造紙に書く。模造紙はラウンド3まで同じものをテーブルに置き、そこに追記していく。一人がテーブルホストとしてそのテーブルに残り、他の3～4人はバラバラに他のテーブルに移動する。移動した後、20分～30分ほど

ラウンド1（Befor）

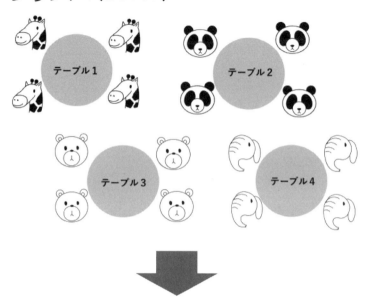

ラウンド2（After）

テーマについての対話を行う（ラウンド2）。ラウンド2の始まりには、自己紹介を兼ねて自分がいたテーブルでの話題を紹介する。テーブルホストはそのまま移動せず、移動した3～4人がまた次のテーブルに移動する。このとき、ラウンド1と同じテーブルに移動する場合と異なるテーブルに移動する場合がある（ラウンド3）。ラウンド3の始まりにも、ラウンド2での話題を紹介してから、テーマに沿った対話を進める。最後にハーベスト・タイムとして、対話の共有、リフレクションなどを行う。

ワールドカフェは、メンバーチェンジをしながら対話することがポイントで、4～5人の小グループでの対話の内容がメンバーチェンジをすることによって全体へと広がっていき、全体の一体感も得られる。より多くの人との対話は、情報の共有や探求の視点の違いを楽しむことができ、新しいアイデアや創造のヒントが生まれてくる。

ワーク1　ワールドカフェ

① 4人～5人で一つのグループをつくって座る。テーブルまたは机の上には模造紙やA3サイズのコピー用紙を置く。一人1本ずつペンを持つ。

② ラウンド1
テーマについて20分程度対話する。感想やポイントだと思うことをそれぞれ自由に模造紙に書く。

③ グループのうちの一人をテーブルホストとして残し、他のメンバーはそれぞれ異なるテーブルに移動する。テーブルホストは3ラウンドを通して移動しない。

④ ラウンド2
移動したら、自己紹介を兼ねて、ラウンド1で印象に残ったことを一人一つずつ紹介する。その後、紹介された内容や

テーマについて対話する。テーブルの上の模造紙に、感想やポイントを追記していく。20分程度。
⑤ ラウンド3
ラウンド1のテーブルに戻り、ラウンド2で印象に残ったことを一人ずつ紹介した後、テーマについて対話する。模造紙に追記していく。20分程度。
⑥ ハーベスト・タイム
ラウンド1〜3をふりかえり、A4用紙に、「こんな管理栄養士になりたい」を書く。5分。
⑦ ⑥で書いた紙を全員で壁に貼り眺める。
⑧ 感想を近くの人とシェアする。

テーマの例
1. 管理栄養士になってやってみたいこと、管理栄養士だからこそできることって何だろう？（ラウンド1、ラウンド2）
2. それを実現させるためには、どんなことをする？（ラウンド3）

ふりかえり
① 対話した感想は？　新しい発見や一体感はありましたか？
② 自分の意見を言えましたか？　他の人の話を聞けましたか？
③ 対話をして考えたことは何ですか？
④ 気づいたこと感想など。

ふりかえりシート

日付

多人数での対話

①対話した感想は？　新しい発見や一体感はありましたか？

②自分の意見を言えましたか？　他の人の話を聞けましたか？

③対話をして考えたことは何ですか？

④気づいたこと、感想など。

全体をふりかえって
　これまで体験したこと、気づいたことについてふりかえる。
① 　全体をふりかえって、心に残ったことは何ですか？
② 　ワーク等で実行していることは、どんなことですか？
③ 　全体をふりかえって気づいたことや感想など。

ふりかえりシート

日付

全体をふりかえる

①全体をふりかえって、心に残ったことは何ですか？

②ワーク等で実行していることは、どんなことですか？

③全体をふりかえって気づいたこと、感想など。

第2部
事例編

第1部で培ったコミュニケーション力を活用してこれまでに著者がファシリテーターとして実施した事例、及びヒアリング調査による事例からいくつか紹介したい。
対話を中心にして、多様な参加者による合意形成をめざして実際の場でどのようにプロセスを設計し、運用しているのかを事例を通してイメージをふくらませてほしい。

第6章　議会、住民懇談会の事例

　ここでは、北海道沼田町、斜里町（ともに2011年）、富山県氷見市（2017年）における近年の事例についてみたい。選挙、住民懇談会、議会に分けて紹介する。また、住民懇談会での首長との直接対話の事例として愛知県東浦町（2016年）での事例がある。

1. 選挙～講演会や集会などの場面～

(1) 北海道沼田町

　北海道沼田町は、北海道のほぼ中央、空知総合振興局管内の北西部にある、人口3,129人（2018年2月28日現在）[34]の自治体である。産業構成は第1次産業29.1％、第2次産業15.1％、第3次産業55.8％となっている[35]。か

つては炭鉱と稲作の町として繁栄してきたが、雨竜炭鉱閉山後、農業中心の町へと転換した。現在は利雪型農業を中心とした地域振興を図っている。2015年

---

[34] 沼田町ホームページより
[35] http://www.soumu.go.jp/main_content/000476270.pdf

決算で財政力指数0.14（北海道は0.41903）である。特産品であるトマトを加工する工場を町が運営している[36]。また、内閣府地域活性化モデルケースとして2015年に「沼田町農村型コンパクトエコタウン構想」が選定された。（沼田町ホームページより）

　現町長が北海道沼田町の町長選に立候補を決意したのは、選挙の年である2011年の3月。当時の役職が議会事務局長であったため、定例議会が終わる3月14日まで立候補の意思表明はせず、事務局長を務めた。そして翌、3月15日に辞職し、直後に立候補表明した。したがって、3月14日までマニュフェストや政策もじっくり考える時間はなかったという。「流れを変える！」をテーマに選挙戦に臨んだが投票日は4月18日。ほぼ1カ月しか残されていなかった。そのような状況の下での立候補の意思表明であったが、草の根の活動によって支持者や支援者が増えていった。その理由のなかの一つにファシリーションを活用した活動があった。

　立会演説会や集会などでは、マニュフェストや政策を立候補者が一方的に訴えるというのが通常である。ところが、ファシリテーションを活用するとその風景は一変する。

　例えば、女性が発言しやすいようにと女性だけの集会を開催した。集会ではまず、アイスブレイクを実施した。次に、今の沼田町の好きなところ、課題と思っているところを付箋紙に書いてもらい、T字を書いた模造紙（Tチャート[37]）に貼ってもらい、参加者自身に親和図法で、分類して見出しをつけてもらった。その見出しについて、現状と課題を金平氏が説明し、自説を訴えると

---

[36] http://kitanohotaru.shop-pro.jp/?pid=68267066
[37] フレームワークの一つ。T字のように用紙を2分して一方に長所、もう一方に短所などを記入していき、一つのものに対して様々な意見を一覧できるようにする方法である。

いう集会を行った。

あるときは、いま抱えている問題を付箋紙に書いてまとめ、見出しをつけるワークショップをした。付箋紙に記入するので、参加した住民からはたくさんの意見や質問が出た。またあるときは、壁に貼ればホワイトボードになるシートを活用して、講演会の参加者全員で沼田町への想いを書いたこともあった。

よくある立会演説会での一方的な話ではないことに参加者は驚き、自分たちの意見を基にした集会となったため、「この人は話を聞いてくれる人だ」と思ったという。

このような参加型の集会を開き、集会に参加した人々と金平氏が沼田町に対する想いや課題意識などを対話によって共有していった。

理解者や支持者が時間を追うごとに増えていったのは、当然かもしれない。もちろん、選挙では現職を破っての当選となった。

(2) 北海道斜里町

斜里町は北海道オホーツク管内の最東部に位置し、知床半島を羅臼町と二分している、人口11,701人（2018年2月末現在）[38]の自治体である。第一次産業21.2％、第2次産業19.2％、第3次産業59.6％となっている[39]。畑作農業（小麦、甜菜、馬鈴薯な

斜里町

---

[38] 斜里町ホームページより

[39] http://www.soumu.go.jp/iken/zaisei/card-16.html

ど）を中心とする農業とオホーツク海を漁場としたサケ・マスを中心とする漁業と知床半島、ウトロ地区の温泉等の観光産業が基幹産業となっている[40]。2015年決算で財政力指数は0.35（北海道は0.41903）である。世界遺産である知床の自然を活用し国内外への観光プロモーションに注力し、特産品等の地域ブランドの確立をめざしている。（ホームページより）

　現町長は青年会議所を卒業する40歳を超えてからもまちづくりにかかわっていきたいと1991年4月に斜里町議会議員に初当選した。その後、当選5期、副議長を務めた後、2011年4月、町長選に立候補し、当選した。

　議員を志したのは、青年会議所でまちづくりの活動をしていたとき、本来は町民を向いて仕事をするはずである町職員が、実際は議員を見て仕事をしているように感じていたので、議員になったら職員が議員を向かずに市民の方を見るように仕向けようと思ったこと、住民参加をもっと進めていきたかったことなども議員になる大きな要因であったという。町長になりたいと思った理由は、副議長といっても議員であり、その権限は町長のそれとは大きく違う、職員が町民を向いて仕事をするようになるには、権限が必要だと思ったからである。

　ファシリテーションは、1990年に初めて知り、世田谷まちづくりセンターまで講座を受けに行った。そこで、アイスブレイクやファシリテーション・グラフィックを知った。しかし、講座を受けても即実践となりにくいのが研修の常で、なかなか実践するにはいたらなった。2009年頃、改めて市民参加を進める方法としてファシリテーションが活用できると考え、特定非営利活動法人日本ファシリテーション協会に入会した。定例会の開催される

---

[40] http://www.asa.hokkyodai.ac.jp/research/staff/kado/syari.pdf

札幌までは、飛行機で 50〜60 分と空港までの前後 1 時間、車であれば 6 時間かかる道のりである。

　選挙中に限らず人前で話をするときには、一方的に話をして終わるというのではなく、近くに座っている 2〜3 人程度で話す「バズ」（数人で鳥がさえずるように活発に話し合えるようにする方法）を活用し、その時間を設けるようにしている。すると会場の雰囲気が変わり、和やかな雰囲気となる。話し合いの場では、参加者が受け身ではなく積極的に参加・発言できるよう心がけている。さらに、講演の最後には通常質疑応答の時間があるが、ここでも質疑応答に入る前にバズを入れるようにしている。すると、質問が出やすくなるだけでなく、講演の内容も参加者の心の中に長く残るようになる。

2. 住民懇談会

(1) 沼田町

　沼田町の金平氏が町長となってから、町内を 10 地区に分け住民懇談会を行った。首長との懇談会でよく見かける会場のレイアウトは、首長はじめ行政の役職者が数列に直線で並び、これに対面して住民の椅子が何列も並ぶというスタイルであろう。このレイアウトは、対話や意思疎通を意図するものではなく、対立を招くレイアウトで

ある。首長と行政 VS 住民というのをわざわざ演出して対決するようなものである。このような雰囲気の中で手をあげて発言や質問をすることは、住民にはとても勇気がいることであり、そうい

う場面で意見を言えるのは意見を言うことに慣れている住民や、普段から言いたいことを声に出して言える住民である。そして、その発言の内容は「また、あの話」ということが少なくない。結局、住民懇談会と言ってもサイレント・マジョリティの意見は拾えないことになってしまう。そして、2時間予定した懇談会は1時間ほどで終わってしまったり、一部の発言者だけが時間を使ってしまったりするということが散見される。

ファシリテーションの視点では、場の環境を整える「場づくり」が重要である。どのような場にしたいのかを想定し、まず、レイアウトを変えた。参加者を6～7人の小グループに分け、車座になって腰掛ける。すると、対立的な雰囲気は、やわらかくフレンドリーになる。小グループでの発言はしやすく、発言の内容も従来とは違うものになる。

次に、各グループに課長を1人配置した。その課長が担当するグループの住民の意見をスケッチブックにファシリテーション・グラフィック（FG）をしていく。FGをするとさらに、意見を出しやすい雰囲気となる。発言への匿名性も担保されるので、参加者は安心して活発な意見や質問を出すことができる。

グループの中で出てきた意見の中に、そのグループを担当した課長の担当項目があればグループワークの中で回答した。小さなグループの中での説明であるので、住民に語りかける、わかりやすいものとなった。

最後に、全体で意見を共有。このときの発表は課長が行い、発表された意見に対してその場で担当課長が答え、課長の権限を超える項目については町長が答えた。

以上のようにファシリテーションを活用して、話しやすい雰囲気を演出したので、普段はこのような場で発言しない若い女性や高齢の女性からの発言が促された。そして、話題も身近な暮らし

に基づく内容となり、各会場で2時間を超える懇談会となったという。懇談会で出た意見や質問は全て「広報ぬまた」に掲載した。

車座になり、膝を突き合わせて話し合えば、雰囲気は柔らかくなり意見や質問、アイディアも出やすくなる。また、課長がファシリテーターとなって目の前で住民の意見を書きとめ、まとめていくと、住民は自分の意見を受け入れられたことを実感し、承認欲求が満たされる。そして、参加意識が生まれていく。

(町民懇談会の様子　広報ぬまた9月号より)

(2) 斜里町

斜里町には「生きがい大学」という市民講座がある。町長として、選挙期間中に訴えたことの周知と広めるためにこの講座の講師を務めた。このときのレイアウトを机をなくし、図のように幾重かの半円で町長を囲むようにした。

このときの講座では、さらに一歩進めて、クイズ形式で町民に伝えてみた。そのクイズの一つに「避難所に100人（高齢者50人、子ども50人）います。パンが50個しかありません。どうやっ

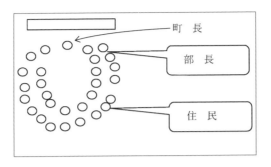

て配りますか？」というものを入れた。もちろん、バズで隣の人と話をしてから、参加者に聞いてみた。すると、参加者からいろいろな案が出た。この案と絡めて自分の政策を伝えた。参加者は自分の意見と町長の政策を比較しながら聴くので、政策がより鮮明に伝わったようであった。この体験からも、みんなで考え、発言する対話は政策の周知、実現にむけて必要だと実感した。

　今後は、講演会や懇談会など町民が参加する場面では、意見交換だけでなく、新たな出会いを創出して町民同士のご縁をつないでいきたいという。例えば、懇談会などで席に座るときは、大抵隣同士は知り合いが座る。これをシャッフルする。すると、隣は知り合いでない人が座る。そこでバズをすると、必然的に話すことになり、ご縁ができる。このような小さな演出を積み上げて、実現に近づけていきたい。町民との対話集会や懇談会でも、日常の生活で町について思うことを語り合いたい。それもリラックスした雰囲気の中で、楽しく充実した時間となるようにしたいと思っているという。

(3) 富山県氷見市

　富山県氷見市は富山県の北端に位置し石川県との県境にあり富山湾に面する、人口48,275人（2018年3月1日現在）の自治体である。産業構造は平成22年の国勢調査によれば、第一次産業

4.9％、第二次産業 37.0％、第三次産業 58.1％となっている[41]が、一次金属、その他製造業、漁業を中心とする農林水産業、宿泊業を中心とするサービス業が移輸出入額の大きな割合を占めている[42]。財政力指数は 2015 年決算で 0.44、富山県内では中程度の指数となっている（富山県は 0.45307）。特産品として、夏の「マグロ」、冬の「寒ブリ」、そして「氷見イワシ」は有名である。この特産品を活用した交流施設の設置等によって観光にも注力している。（氷見市ホームページより）

氷見市では、市長が中心となって、市庁舎建替えのワークショップを行った。その後、ファシリテーターという専門職を雇用した。組織のもつ文化や風土は一朝一夕で変わるというものではないが、庁内ファシリテーターがいることで、庁内の雰囲気が明るくなったようだとのことである。庁内ファシリテーターと職員が実践をともにすることで他の職員へのファシリテーションの普及を図った。

市長と住民の対話集会である「ふれあいトーク」でも、対象となる区域を細かく区切り、アイスブレイクを丁寧に行い、参加者が発言しやすく演出した。進行は専門職であるファシリテーターにまかせ、参加者のつぶやきのような小さな意見まで拾うように進めた。進行だけでなく、女性の参加を意図する「女子トーク」

---

[41] http://www.soumu.go.jp/iken/zaisei/pdf/1018-15-15_16.pdf
[42] http://www.meti.go.jp/press/2016/04/20160421002/20160421002-7.pdf

を開催するなど、開催の目的を明確にし、目的の実現のための方策も取り入れた。

実際に公民館のトイレの洋式化が進み、猪対策を行う「イノシシ課」や「草刈り課」が創設されるなどが実現した。ふれあいトークから出た課題を解決する担当課も設置された。

(4) 愛知県東浦町

愛知県東浦町は、愛知県の知多半島北東部、衣浦湾の最奥に位置し、人口50,283人（2018年3月31日現在）の自治体である。2015年決算で、産業構造は第一次産業2.3％、第二次産業42.0％、第三次産業55.7％[43]となって

おり、第二次産業の従事者が多く自動車産業の影響が大きい町といえる。隣接する自動車産業の比率が大きい刈谷市だけでなく、名古屋市にも近いことからベットタウンの要素も大きい。農業では稲作から巨峰を中心としたブドウ栽培やイチゴ、蘭の園芸などへの転換が行われている[44]。財政力指数0.95（愛知県は0.92052)である。（浦町ホームページより）

愛知県東浦町では、毎年テーマを決め、町内6地区それぞれで住民懇談会を行っている。自治基本条例制定に向けて、自治の機運を高めるために住民懇談会で外部のファシリテーターを活用した。レイアウトはテーブルを置かず扇型とし、あらかじめ参加者

---

[43] http://www.soumu.go.jp/main_content/000476292.pdf

[44] http://www.town.aichi-higashiura.lg.jp/gyosei/gaiyo/index.html

(会場の様子　住民から出された意見　筆者撮影)

(会場の様子　住民の発言)
http://www.town.aichi-higashiura.lg.jp/ikkrwebBrowse/material/files/group/2/2

にA4サイズの白紙と水性ペンを配布した。テーマに対する行政からのプレゼンの後、参加者である住民の方々にプレゼンを聞いての疑問や質問、普段からテーマについて考えていることなどをあらかじめ配布した用紙に記入してもらった。その紙を集め、パネルに内容が近いものを近い場所に貼り、どのような意見が出たのか一覧できるようにした。そのパネルを基にして、担当課長からの質問への回答を行う。町長が気になる内容の紙を抽出し、それを書いた町民が趣旨を話し、他の住民から関連する意見が出た

(会場のセッティング　筆者撮影)

り、出された意見から町としての方向性を伝えたりするなど町長と住民が対話した。

3. 議会

(1) 議会事務局長として委員会をサポートする　沼田町

　沼田町長は、議会事務局長時代に議会改革に取り組み始めた。沼田町が新しい町となるためには、ファシリテーションを活用することが必要だと考え、議会で活用し始めた。当時、議長と一部の議員も住民と議会の間に気持ちの乖離があると感じ、議会を改革しなくてはいけない、住民と密接にならなくてはいけないと感じていたという。

　そこで、始めたのが委員会にファシリテーションの技術を取り入れることだった。委員会は、合意形成の場である。しかし、何が決まったのか明確でないこと、熟議を行うというよりも根回しができており、委員会当日には答えがすでにあるため形式的な会議で終わってしまうこと、延々と会議が行われるというようなこ

とが散見された。

　議会事務局は議会の庶務を行う（地方自治法第138条）と定められており、議会のサポートをすることが主な業務である。委員会の運営をサポートするという位置づけであれば、会の進行を議会事務局が行っても違法ではないと解釈して、はじめの一歩を踏み出した。委員会の場で、ファシリテーション・グラフィックのスキルを活用し、話し合いの経緯と結果をホワイトボードに議会事務局が書きとめていき、委員会で共有することを試みた。すると、会議は効率的に進み、早く終わることができた。このようなことを1年半ほど積み重ねた。この取り組みによって議員との信頼関係もできたという。

　ここまでの試みで手ごたえをもったことで、ファシリテーションを議会に関する様々な会議やミーティングに活用したり、議員や事務局の職員にも紹介して活用できたりするよう進めていこうと備品を揃え、準備した。さあ、今から本格的に進めようというときに町長選に立候補したので、議会改革は中断してしまった。もうあと1年取り組んでいれば、議会の在り方そのものが変わっていたのではないかと回想している。

　また、議員の報告会や、議会報告会、議員が集まる場面でも、一方的に報告事項が進行していくような従来型ではなく、ワールドカフェのように住民との話し合い、対話を重視した場としていくことが必要とされるのではないだろうかとの提案があった。

　議会と住民の距離を縮める課題解決に向けて、議員も住民との対話を行い、その中で意見を集めて政策提案するということを試してみようと考えていた。町民との懇談会に出席し、輪の中に入って住民と一緒に話し合う議員がいたことや、住民と議員のありかたについて考えている若い議員もいる。このことからも言えるように、議会報告会をワールドカフェのような方法で、和やか

な雰囲気で町民と対話することから始めるのもよいのではないか。

議員にもファシリテーションのスキルが必要となってきていると感じるという。議員は市民の代表であるが、それをどこまで自覚しているのか疑問と思えるような議員もいる。市民の代表だという意識を持って議員活動をするのであれば、市民の意見を聴く機会を設けるのは必然で、その際にファシリテーションのスキルが役立つ。議会として、このような方針を議会基本条例に盛り込んだり、議員派遣を行ったりすれば、予算の手当てができ、実現性が高まる。前例にとらわれない解釈をすれば、実現性がより高まるものもあるだろう。

ワールドカフェのような市民が集まって話し合う機会を行政が設け、その意見を反映させた施策を首長が提出する。たとえ、よって立つ基礎となるデータは同じであっても、そこからつくる様々な政策は、首長・行政と議員では違ったものとなる場合がある。互いに提案する政策について議会で熟議することも求められる。熟議できるスキルが必要となる。

議員が政策をつくるようになると議会事務局のあり方も変化する。議員の秘書的なあり方ではなく、政策形成の領域でサポートやアドバイスをするようになることが求められる。

議会事務局として、ファシリテーションのスキルをもって議会をサポートする、ファシリテーターに情報ストックがあれば、その情報を提供することもある。議会改革は議会事務局のあり方も問うことになる。

(2) 議会連絡協議会で　斜里町

議員の連絡協議会（斜里町、清里町、小清水町の斜里郡3町）で協力・連携していこうとする「3町連絡協議会」で、事務レベ

ルだけでなく議員も連携しようと初会合を持ったときがある。この初会合の場で、「よそよそしい雰囲気の場を柔らかくする」ことを目的として自己紹介のアイスブレイクを提案した。自己紹介は名前所属だけではなく、前向きに誰も傷つけない内容をと考え「最近幸せに思ったこと」を紹介した。このアイスブレイクがその場の雰囲気をたいへん和らげたという。

　議員ならば話をすることが得意だろうというような印象があるが、実は、議員でも発言する人としない人がいる。会議で発言することが当事者意識をもつことになるので、いかに全員が発言するかが課題となる。できるだけたくさんの人が発言できるようにアイスブレイクの段階から工夫した。結果は全員やわらかい雰囲気の中で活発に発言し意見交換できた。

4. 職員にも求められる

(1) 職員もファシリテーター　斜里町

　職員には、全員がファシリテーターになってほしい。

　今まで職員は町民との対話に消極的であったように見える。消極的であると町や町民の抱える課題や町民そのものが見えなくなってしまうおそれがある。町民の幸せを目指して仕事をするためには、町民と向き合うことが必要である。町民に考えやアイディアを書いてもらうのも一つの方法である。もっと進めて、職員が町民とふれあう場面（家庭、町内会、地域、サークルなども含めて）で、住民の心を開き意見を引き出せるようになると、より具現化するだろう。

　その実現のためには、職員を知り、適材適所に配置することも欠かせない要件となるので、職員との面接を行っている。職員の本音を引き出すために、面接の際には町長がファシリテーターと

なって臨まなければならない。町長自身もファシリテーターとして学ぶ。少しずつ進めているが、職員が町民の方を見て、町民のために仕事をするようになってきたように感じている。今後も進めていきたい。

(2) 専門職のファシリテーターと職員への影響　氷見市
　職員は、市民参加の会議から簡単なミーティングまで、それぞれが現場を持っている。課題意識を持っている職員と持っていない職員の違いは、会議を行う前に勉強するのか、失敗したときや困ってから事後にファシリテーターに相談に行くのか、または全く行かないのかにある。職員の対応が分かれてきたように見える。ファシリテーションは市長に言われたからといって、すぐにできるものではない。自ら気づくことから始まる。
　今後は、市民参加の計画づくりや、当事者の視点から学ぶ視点が主流になっていくので、ますますファシリテーターが重要になってくる。
　ただ、職員には異動、市長は交代することがある。その際に、積み上げてきたものが0になってしまうという懸念を払しょくするために、制度・条例で担保していく。一つの例として、都市計画法（都市マス）の市民参加規程があるがこの規程の中身を充実させていくことが重要である。現在、この制度を継続させるために自治基本条例の制定に向けて市民参加で検討を行った。さまざまな場面で、市民の心の中に「こんなふうにしたこと（ファシリテーターがいる話し合いの場やワークショップの進め方など）が良かったよね」というように残っていけば、制度的担保と併せて、現場レベルで継続していくだろう。
　ファシリテーションのスキルを活用して「つぶやきを形に」のもと、行政が気づかない視点を市民のつぶやきから拾い上げてい

る。次ステージへのステップアップのイメージを共有するためにも市民参加を行っている。今後の課題は、市民参加で出てきた提案などを仕組みや施策へ落とし込むことである。提案を統合・咀嚼して、行政施策に落とし込んでいくことが求められる。本質を見極めながら、行政の運営に反映させていきたいと考えている。

ファシリテーターが活躍する場は市民との協働の場だけではない。行政、議会などの会議の生産性を高めるにもファシリテーターが必要である。現在は、ファシリテーション・グラフィックを活用して会議を見える化しているので、5割以上は明るく楽しい会議になっていると感じる。残りの会議は、残念だが、事前の準備として会議の企画を詰めてから臨むことをしないこともある。進行のプロセス、設定した目標、目的などを共有するためにも、事前の準備の共有を含めた、さらなる会議の見える化を進めていき、その先には庁議も見える化し、有意義な会議としていきたい。

5. 政策実現のために

今まで紹介してきたような対話を中心とした集会であれば、たくさんの意見やアイディアが出るようになり、前向きな意見が出てくるようになるだろう。そしてそれは、政策を実現させるためにも活用できる。

例えば、斜里町では、幸せを実感できる政策の中のひとつである「がん検診の受診率を向上させる」を実現させるために、参加型の「がん検定」で楽しく学ぶようにする。この検定にファシリテーションを活用し、楽しく学んで、印象的なものにして住民の理解を深めれば、受診率の向上につながるだろう。このように、多様な場面で活用できる。

市民参加・協働を進めるためには、利害関係者みんながファシリテーションのスキルやマインドをもつことが大事なのではないかと思っている。職員が町民の意見を引き出したりまとめたりするだけでなく、町民間でも必要になってくるだろう。ファシリテーションは人と人の「つながり」をつくることがベースにある。つながりは、職員や町民、議員も当事者意識をもつことからはじまる。当事者意識を持つと政策実現のプロセスに参加することになり、話し合いの場で言ったことや決まったことを当事者として実行するようになる。協力しあい、協働できる。そして、つながりが深く広くなっていく。これを紡いでいくためにもファシリテーションが活用できる。
　これは、一気に叶うというものではないが、できることから一つずつ、息長くやっていく覚悟も必要である。

第7章　市民協働の事例

1. 新庁舎整備

(1) 新庁舎のワークショップ　富山県氷見市

　氷見市の市庁舎は、IAF（国際ファシリテーターズ協会 International Association of Facilitators）での表彰対象ともなったワークショップを紹介する。このワークショップは、市長自らファシリテーターとなって推進した。新庁舎建替は、市民参加によって検討され、廃校になった高校の体育館をリノベーションするということになった。

　もともとは高校の体育館であったため、新庁舎の特徴はフラットな広いフロアであり、全体を見渡せる広い空間の庁舎となった。解放された庁舎をめざして、その中心にはガラス張りの会議室が置かれ、会議の様子が外から見えるようになっている。庁議もここで行われる。階下にはガラスに囲まれた会議室が設けられている。市民が参加する会議もオープンである。

　また、庁舎内各所に対話（ダイアログ）を促すようなコーナーがあり、「フューチャーセンター庁舎」とも呼ばれている。フューチャーセンターとは、「北欧の知的資本経営から生まれた、未来の価値を生み出すセンターで、複雑な問題をスピーディに解決するために、多様な専門家やステークホルダーを集め、オープンに対話する場として発展した、対話のための専用空間であり、人と人とのつながりでもあり、企業や社会の変革装置でもある」[45]と

---

[45] 野村恭彦（2012年）p11。

新庁舎2階。中心にあるのがガラス張りの会議室。筆者撮影

新庁舎1階のガラス張りの会議室このような会議室が3部屋ある。筆者撮影

言われている。そこにはファシリテーターがいることが必須となっている。

オープンな場での対話によって「つながり」をつくり、そのつながりをもとに未来を創っていくことを意図しているのであろう。

新庁舎のデザインワークショップには、世田谷まちづくりセンター（当時）の浅海氏が中心となって関わった。この取り組みが氷見市役所とともにIAFに評価・表彰された。浅海氏は後に氷見市の都市・まちづくり政策監督に迎えられている。

新庁舎ワークショップでは、「職員がファシリテーターとなり、テーマ毎に分科会を開催し、カードを使った話し合い、模型を使ったワークショップ（デザインゲームとも呼ぶ）、写真を用いた進行、窓口サービスを再現した寸劇、財務状況を詳細に公開する討論型世論調査といった様々な方法のワークショップ手法を活用して市民会議を行い、最終的なデザインをつくり」[46] こんだ。市庁舎のデザインと同時に「約50名の庁内ファシリテーターを育てていこうというプロジェクトの集大成」[47] とした。

(2) 新庁舎整備基本構想　岐阜県美濃加茂市

岐阜県美濃加茂市は、岐阜県の南、愛知県との県境にある、人口56,726人（2018年3月1日現在）の自治体である。2015年決算で、産業構造は第一次産業3.4％、第二次産業41.5％、第三次産業55.1％[48] となっており、第二次産業の従事者が多い。工業団地が栄え、地震対策による愛知県からの工場移転も増えている。

---

[46] 阿部博人（2014）p4。

[47] 阿部、p4。

[48] http://www.soumu.go.jp/main_content/000476290.pdf

地方都市の中では外国人比率も高く7.2%[49]となっている。地方創生戦略で女性の活躍を謳い、孫子の代まで住み続けるまちをめざして、女性の活躍、子育てしやすいまちをめざしている。財政力指数は0.76（岐阜県0.52358）である。（ホームページより）

美濃加茂市

　2017年、美濃加茂市では、築57年の市庁舎の整備基本構想を策定するにあたり、50年後の美濃加茂市を想定し、それにふさわしい市庁舎を検討した。基本構想策定委員会とは別に、より多くの市民意見を反映させるために、市民ワークショップ、お出かけワークショップを開催した。市民ワークショップは、市民から無作為抽出で参加を呼びかけ、主に新庁舎にふさわしい立地について検討を重ねた。

　より市役所を使うであろう利害関係者の意見を徴収するために、お出かけワークショップを企画した。このワークショップでは、普段このような会に参加しないであろう利害関係者を洗い出し、文字通りに行政側が出かけて行って新庁舎へのアイデアを求めた。子育て世代、自治会連合会、市内にある企業、中高生、外国人、障がい者の6つのカテゴリーに分けて行った。

　このワークショップは2時間程度とした。基本構想策定委員会のアイデアをまとめたものを提示し、それに対する意見や当事者としての意見を集めた。このワークショップでは、新庁舎へのア

---

[49] 美濃加茂市は市内に在住する外国人が約7.2%（2016年6月1日）と地方都市としては非常に高い比率となっている。（全国市町村国際文化研修所）

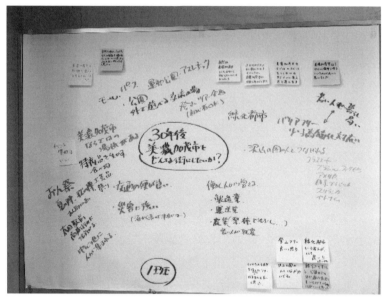
(中高生の描く30年後の美濃加茂市　筆者撮影)

(教育長もとび入り参加で想いを中高生に伝える　筆者撮影)

イデアだけでなく、市役所としての在り方、サポートの仕方なども意見として出された。特に中高生のワークショップは、1日かけて行われ、市役所の仕事をレクチャーしたり、駅と市役所・分庁舎との距離を歩いて体感したりした。その後、30年後の市の姿を描き、市役所はどのような姿であることがふさわしいのかについて話し合った。30年後というのは、中高生では50年後を想像することは難しいこと、参加者の親世代であれば想像しやすいと考えたからである。中高生からは、「今まで、美濃加茂市のことを考えたことがあまりなかったが、今回参加したことで、現状が分かり、改善点も見えてきた」「みんな意見をちゃんと持っていたので、未来の美濃加茂市は良くなっていくと思う」「みんなの意見を聴いて考えを深められた」などの感想があった。

　また、市役所がどのような事務をしているのかに触れ、「市役所に勤めてみても良いかと思った」という感想もあった。今まで近くに感じなかった市役所が身近になり、どのような仕事をしているのかを知るきっかけとなったことで、将来の仕事として候補に挙がったという効果もあったようだ。

2. 公園づくり

(1) 公園基本構想　愛知県安城市

　愛知県安城市は、西三河地方にあり明治以来「日本のデンマーク」と呼ばれるほど農業先進地として発展してきた。現在は、名古屋市に近いこと、自動車関連企業が多く立地していることなどから急速に工業化が進んだ自治体である。2015年決算では、第一次産業2.8％、第二次産業44.0％、第三次産業53.2％[50]と第二次産業の従事者が多い。財政力指数は1.24（愛知県は0.92052）であり、不交付団体となっている。1988年に新幹線の三河安城

駅が開業し、駅を中心に市街地を整備している。JR安城駅前にあった厚生病院の跡地に2017年に情報図書館「アンフォーレ」をPFI方式で建設し、駅前の活性化を図っている。

　従来の公園ワークショップでは、グループごとに分かれて話し合い、その成果をコンサルタント会社が一つにした案を作成し、参加者に提示するという進め方が一般的である。この方法では、例えば、4つのグループに分かれて話しあったとすると最終回までに4つの公園案ができる。それらを最後にミックスして1つの公園案ができる。各グループからのエッセンスを入れたとしても、その案は参加者が思い描いていたイメージとは大きく異なり、参加者の納得度は低いものができあがってしまうことが少なくない。

　そこで、安城市のワークショップではワールドカフェの活用を試みた。ワールドカフェによって参加者のアイディアをつなげ、ハーベスト・タイムで参加者全員の前で、参加者とともに一つの成果をつくっていくのである。

　全4回のワークショップで毎回、ワールドカフェで話題提供、メンバーチェンジでの対話、参加者の前で一つに案をまとめることをハーベスト・タイムとして行った。

　1回めは基本コンセプト、2回めはゾーニング、3回めは予算、4回めは使い方や関わり方などについて話しあった。

　参加者は、公園予定地とその周辺の自治会長はじめ町の役員、

50　http://www.soumu.go.jp/main_content/000476292.pdf

公園の近隣の住民30名前後が集まった。特に、地域で行うワークショップは参加者が高齢の男性の占める割合が多い。公園は誰が使うのか、どんな人に使ってほしいのかを考えると、子どもと女性の参加は欠かせない。そこで、事務局に子どもと女性の参加を依頼した。平日の夜の開催にもかかわらず、小学生、その母親、女性の子ども会役員、地域に住む女性も参加してくれた。

第1回は、公園の説明とコンセプト、イメージを共有することを目標とした。子どもや孫たちが公園をどのように使って生活しているかの将来像をメンバーチェンジしながら語り合い、ハーベストは全員で1枚のコンセプトを書きこんだマインドマップ[51]を作った。

第2回は公園のゾーニング、設置する遊具等の施設を考えた。第1回の将来像をふまえて、どのような公園、どのようなゾーニングにするかをメンバーチェンジしながら対話した。ハーベストでは、全員で1枚の公園のイメージ図を作成した。このとき、参加していた小学生に、言い残したことはないか尋ねると「公園の近くを通るとき、遊んでいるときに時間がわからないので、時計をつけてほしい。」と大きな声で主張してくれた。その場にいた大人は、公園を一番に活用してほしいのは子どもだったことを思い出し、子どもの視点を入れることを重視しなくてはいけないと再認識したようだ。その後、時計台を設置することは、このワークショップでは所与のものとなった。

第3回は、導入施設の方針を考えた。このとき、公園の予算、実際の遊具や施設等の価格表を作成し、テーマごとに分かれてどのような施設を導入するかについて電卓をはじきながら考えた。その後、メンバーチェンジをし、異なるテーマで対話、最後には

---

[51] ワーク編「会話を記録する」を参照。ごみ減量計画に写真有。

じめのテーマに戻って書き込みを見ながら対話した。ハーベストは、全員でスクリーンを囲み、各テーマの予算をエクセルに入力しながら予算と比較し、超えている部分を全員で検討した。しかし、なかなか予算内に収まらず、設計担当者にできるだけ話し合いの内容を踏まえた原案を作成してきてもらうことで合意した。3回のワークショップはファシリテーターとコンサルタント会社の設計担当者が協働して進行していたので、設計担当者との信頼が生まれていたともいえる。

　第4回は、公園の施設等の原案の検討と公園をどのように使っていくか、イベントや整備の方針を考えた。まずは、全員で公園案を検討したが、参加者からの意義はなく合意した。次に、対話で市民が整備のプロセスにも参加する、完成後の使い方にも市民がスタッフとして関わるようなアイディアが出され、メンバー

（ハーベストタイムは全員で予算内に収める検討　筆者撮影）

(参加者全員で予算に合わせた内容に修正　筆者撮影)

　チェンジの都度アイディアが具体化していき、ハーベストでは公園への期待が高まっていた。最後に公園の名称アイディアを募集したところ、自発的にホワイトボードに全員が集まり、話しあった姿が印象的であった。

　このワークショップには、公園の隣になる予定の住民も数人参加していた。通常であれば、隣に公園ができれば騒音や落葉、公衆トイレの場所などの問題が発生し、トラブルになりやすい所である。このワークショップ終了後に「公園ができるとどのようなトラブルが起こるのか心配していた。ところが、参加者のみなさんが近隣の住民に配慮していろいろな配置を決めてくれていることを知って、少し安心した」という感想があった。

(2) 住民が管理するポケットパーク　愛知県岡崎市

愛知県岡崎市は、人口376,132人（2018年3月1日現在）古くから西三河地方の中心として栄えてきた。自動車関連企業が立地し、工業化が進み人口も増加している。八丁味噌の産地としても有名[52]。2015年決算では、第一次産業1.7％、第二次産業40.1％、第三次産業58.3％[53]となっており、第三次産業の従事者が隣接する前出の安城市よりも多い。財政力指数は0.99（愛知県は、0.92052）である。中核市の玄関としてふさわしいJR岡崎駅周辺、名古屋鉄道東岡崎駅周辺の整備、再開発を進めている。

　この整備に関連して、JR岡崎駅東側に駅と合同庁舎シビックセンターを結ぶコミュニティ道路ができ、その途中に6つのポケットパーク（小規模公園）が造られた。この中で初期に造られた2件を除く4件のポケットパークについては、市民が設計に参加し、工事の途中と完成にはイベントを開催、完成後の維持管理を行っている。職員（設計も市職員が行った）と市民の手作りのポケットパークとなった。子どもに親しんでほしい、岡崎市を出ていっても帰省したときにポケットパークでの出来事を思い出してほしい、戻ってきてほしいという想いを込めたポケットパークづくりとなった。さらに、職員と住民との距離がぐっと近づいた。大まかな流れを紹介したい。[54]

---

[52] 八丁味噌の由来は、岡崎城から西へ八丁（約870m）の距離にある岡崎市八帖町（旧・八丁村）で、江戸時代初期より作られている大豆を主原料とする味噌である。(http://www.kakukyu.jp/hatchomiso.asp を参照)

[53] http://www.soumu.go.jp/main_content/000476292.pdf

設計段階では、周辺の住民である町内会、子供会、女性部も参加してワークショップを行った。各ポケットパークのコンセプトは地域内の会社または商店の経営者、個人で組織する「出会いの駅おかざき推進協議会[55]」が決めていた。つる性の植物を植え、周辺住民やそこを歩く来街者のための休息の場を提供する。ワークショップでは、はじめにそれぞれのポケットパークのコンセプトを説明した。時には、JR岡崎駅の歴史を「岡崎駅東物語」としてまとめ、プレゼンした。[56] 高齢者からは「懐かしい」子どもたちからは「岡崎駅ってすごい」という声が上がった。この歴史に基づいてポケットパークに敷きつめるブロックの配置レイアウトを考えた。他のポケットパークでもデザインゲームといわれるワークショップを行い、ポケットパークの施設や樹木の配置を考えた。

(「岡崎駅東物語」をプレゼン
http://www.city.okazaki.lg.jp/300/306/p017852.html より)

(ブロックをどのようなイラストにするか？デザインゲーム
http://www.city.okazaki.lg.jp/1100/1184/1166/p013196.html より)

　工事の途中では、よりポケットパークに親しみを持ってもらおうという趣旨で、周辺住民や子どもに向けて市民参加イベントを

---

[54] これらのワークショップ、イベント等の詳細は以下のURLを参照 http://www.city.okazaki.lg.jp/1100/1184/1166/p013179.html

[55] http://www.okazakicci.or.jp/deainoeki/aboutus/aboutus.html

[56] http://www.okazakicci.or.jp/deainoeki/monogatari/monogatari.html

実施した。ポケットパークには透水性の高いインターロッキングブロックを敷きつめる。透水性の高さを実際に子どもに体感してもらおうと実験を行った。その後、実際に敷くブロックの裏に絵を描き、その場で職人さんに施工してもらうということを行った。このイベントでは、予想以上に子どもたちが楽しんでくれた。それ以上に周辺住民も喜んでブロックに絵を描いてくれたことが印象的だった。

　もちろん、植樹も市民参加で行った。

ブロックの透水性を確認する実験！
http://www.city.okazaki.lg.jp/300/306/p017458.html より

描いたブロックは職人さんに、その場で施工してもらいます。
http://www.city.okazaki.lg.jp/300/306/p017458.html より

　ポケットパーク完成後、維持管理はこれら一連のイベントに参加した市民が実施する。あるポケットパークでは、花壇を設置し、年に2回子ども会とともに花を植えている。このとき、公園にある木の枝の剪定もするが、公園の木を切ってはいけないといわれている子どもたちが大人に教えてもらいながら喜んで剪定するなど、町内の大人とコミュニケーションをとりながら作業をしている。多世代の交流の場となっている。また、他のポケットパークでは、子ども会が維持管理の主体となることを想定して、オナモミやオオバコを植えた。季節になると清掃後に子どもたちとオナモミダーツやオオバコ相撲などをして楽しんでいる。ここでも子どもたちの思い出が積み重なっている。

3. 計画づくり

(1) 区政運営方針　名古屋市緑区

名古屋市緑区は、人口245,017人（2018年3月1日現在）で名古屋市でもっとも世帯数、人口数の多い区である。名古屋市全体の人口は、2,314,678人（2018年3月1日現在）で、名古屋市人口の10.5％を占めている。伝統工芸の有松・鳴海絞りがあり、2016年には国の伝統的建築物群保存地区として選定された。大高緑地公園を抱える自然豊かな区でもある。人口が増え続けている要因としては、名古屋鉄道、JR東海道線の駅はあったが、2011年に市営地下鉄桜通線の野並・徳重間の開通により緑区内に初めて地下鉄の駅が設置されたことも挙げられる。2015年名古屋市全体の財政力指数は0.99[57]となっている。

名古屋市緑区

2017年、名古屋市は16区すべてで区民参加の区政運営プランを制定することとなった。緑区では以前から区民参加で翌年の区政運営方針を計画している。運営方針素案は区民会議に諮るが、その前段階では区民が参加し施策等を話し合う会議「みどりっちプラン会議」が行われる。この会議は2017年度は2回、多様な世代に参加してほしいことから平日の夜と日曜の昼間に2時間ずつ行われた。

「みどりっちプラン会議」では、緑区の4つの重点項目である「危機管理（防災）」「子育て支援」「観光推進」「高齢者支援」を

---

[57] http://www.soumu.go.jp/main_content/000476292.pdf

テーマにワールドカフェ方式で意見を出し合った。はじめに4〜5人で1テーブルになるようにセッティングし、テーブルごとに4つの重点項目の中の1つをテーマとした。人数が多ければ同じテーマで2テーブルということもある。1ラウンドめのテーブルは、普段活動している項目や関心のある項目のテーブルに座るが、2ラウンドめには、移動するので別のテーマで話すことになる。3ラウンドめには元のテーブルにもどり、追記された模造紙を見て対話の内容をふりかえった。同じテーマでずっと話し合うのではなく、別のテーマ、異なる項目に関心をもった人と対話することで、話の内容に広がりができ、共通の課題が浮かび上がり、他の活動団体と協力、協働できそうなアイデアも散見された。

　例えば、世代を越えた交流の場をつくる、交流するしかけを考えるなど「地域コミュニティをつくる」という施策のベースにな

（ハーベストタイムで区長と住民が意見交換　筆者撮影）

る考え方が対話の中からできた。また、地域コミュニティをつなぐため、防災時の活用、観光で活用できるように公共交通を充実させるという今までになかったアイデアが出てきた。これらは、4つの重点項目を実現させていくために必要な事柄であると区民に認識されたといえる。

ハーベストは、5年後の緑区の姿をA4サイズの用紙に記入し、参加者自身でパーテーションに貼ってもらった。それを見て、区長が質問したり、区としての考えや現状を語ったりした。参加者からは、区長と緑区について直接話せる機会はなかなかないので、とても貴重な機会であり、有意義だったという感想があった。

対話の締めくくりとして、全員で対話することがより一体感「つながり」を感じ、みんなで5年後の住みやすい緑区を目指して行動しようという意識が醸成されたようだ。

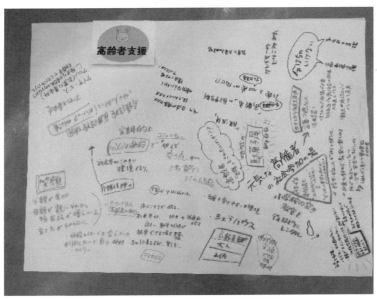

(テーマごとの意見交換を書いた模造紙　筆者撮影)

(ワールドカフェ会場の様子　筆者撮影)

(2)　ごみ減量計画　愛知県武豊町

　愛知県武豊町は、愛知県知多半島中央部に位置しており、東海道線敷設のための荷揚げ基地として港が整備され、そこから鉄道で資材を運んだという東海道線発祥の地ともいえる土地である[58]。人口は43,278人（2018年3月1日現在）[59]で、2015年決算で第一次産業1.5％、第二次産業41.7％、第三次産業56.7％であり、第二次産業への従事者が多い。要因は、町内の工業団地への誘致の成功と中部電力火力発電所があること、隣接する地域には、リクシル、JFEスチールも立地していることが挙げられる。また、古くから豊かな土地で町内の5地区では山車を引く伝統的な祭りが盛んである。財政力

---

[58] http://www.town.taketoyo.lg.jp/cmsfiles/contents/0000000/49/heisei29nendo.pdf
[59] http://www.town.taketoyo.lg.jp/contents_detail.php?co=cat&frmId=354&frmCd=3-4-2-3-0

指数は 0.99（愛知県は 0.92052）[60]。

2014 年、対話を中心として未来像を描くフューチャーサーチ（ワールドカフェとグループワークの組み合わせで進める）という進め方をアレンジしたごみ減量の施策を考える会議を行った。地域の衛生委員、環境 NPO、ごみ処理業者、行政、武豊町内に立地する企業、公募の住民、中高生を参加者とする「ごみ減量から武豊町の未来を考える町民会議（大人は最大時に 26 名、中高生は 15 名、全 6 回）」を開催した。

進め方は大人の会議を現地視察含めて 4 回、その間に中高生の Teens' meeting を 1 回、最後に大人と中高生の合同 1 回とした。

大人の会議では、はじめにこの会議の目指す姿を共有するため、「20 年後の子どもたちに残したい武豊町」について、ワールドカフェで対話した。ハーベストは全員でマインドマップを作成し、記憶に残るようにした。このマインドマップは、見るたびにこのときの気持ちを思い出せるように毎回壁に貼っておいた。

第 2 回では全員でワークを行い、ごみ処理に関する過去 10 年

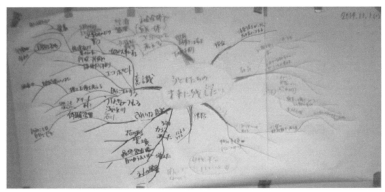

（20 年後の子どもたちに残した武富町をまとめたマインドマップ　筆者撮影）

---

[60] http://www.soumu.go.jp/main_content/00476292.pdf

をふりかえり歴史を共有した。次に住民への意識アンケートの結果、施設見学の内容や感想を報告して現状を共有し意見交換をした。ハーベストは各テーブルにプレゼンターを置き、参加者がテーブルを回るポスターセッションとした。これは、参加者間の心理的な距離を縮め一体感を創出する効果があったようだ。自分の意見だけでなくグループとしての意見を発表すること、楽しくテーブルを回ることで参加者間、他のグループの意見との距離が縮まった。

　第3回は、ごみの現状分析結果を参加者全員で共有し、「子ども達に残した10年後の未来のために何をしますか」の問いかけでアクションプランのアイディアを出しあった。

　第5回となる武豊町内に住む中高生でつくる「Teens' meeting」は、各学校から4名の参加で同じ学校内でも初めて会うというメンバーもいた。小学生、中高生のワークショップでは、特にアイスブレイクが大切で、アイスブレイクでどこまで初期不安を緩和できるかがポイントである。この場合は、アイスブレイクとして、開始時間前に、会場に入ったら自治体の地図に自分の家を書きこんでもらった。普段見ないイラスト入りの地図であると、自宅の場所はわかりづらいので、先に来た生徒との会話が促進される。中高生間で高校生が「あ。そこだったら、私の出た中学校だよ。」という会話も出ていた。Teen s' meetingが始まるとその地図の前で簡単な自己紹介を行った。すでに顔見知りになっているので、かなり、話やすい雰囲気になっていた。昼食はお弁当を持参してもらい、グループワークのレイアウトのままにして、ファシリテーターや事務局は遠慮し中高生だけで過ごしてもらった。それもアイスブレイクとなったようで、午後から始めるグループワークではわいわいとより話しやすい雰囲気になっていた。

ティーンズミーティング ～ゴミ問題～

　12月6日に、ティーンズミーティングを行い、「武豊町のゴミ問題」について話し合いました。
　午前中は、ゴミ処理場の見学をし、武豊町民がたくさんのゴミを出していることを知りました。午後は、見学したことをもとに武豊高校と武豊中学校と富貴中学校から代表が集まって話し合いを行いました。その中で、一番驚いたのが70％を占める可燃物のうち、約半分が、堆肥化できる生ゴミだったことです。武豊町では堆肥化を進めるために、堆肥化を行う「コンポスト」の購入費用の補助などがあるそうです。
　私たちの身近にあるゴミ問題について、もっと知りたいと思うことができました。

【生徒会より】2014-12-15 11:22 up!

（武豊町立富貴中学校ホームページより
参加した中学生が壁新聞を作り、学校のホームケージに載せてくれました。）

この回のプログラムでは、ごみ処理の現状を知ってもらおうと午前中にごみ処理施設２か所を見学した。午後からは、大人の会議のプロセスと成果物、アンケート調査結果を共有し、ごみ減量のアイディアを出し合った。発表は、発表するグループ以外の全員が一つのテーブルに集まりプレゼンを聴く方法で行った。
　この方法は、発表者にプレッシャーをかけずにリラックスして発表できる。聞く側からすれば、プレゼンする資料が間近にあるので臨場感をもって聴くことができる。
　この会議の後、中学生は自身の学校の生徒会ホームページに内容を掲載し、高校生は高校のごみは一般ごみとして処理されていることを知り、学校内での分別が行われていなかったので、学校内のごみを分別することを生徒会に提案した。すぐに行動する中高生のパワーが大人への刺激となったようである。
　６回めは大人と Teens' meeting のメンバーが一同に集まり、それぞれが考えたごみ減量のアイディアを合わせて整理したものから、それぞれで関心のある項目でグループをつくった。大人と中高生が同じグループとなって、具体的な実現方法を考えた。最後にポスターセッションをして共有した。

（大人と中高生のアイディアを合わせて整理した壁　筆者撮影）

Teens' meetingのメンバーからは「子どもだけの視点ではなく、大人の視点からの意見も聞けて、内容が具体的になった」「自分の意見を伝えることが苦手だったので、とても良い経験となった」「今日のアイディアなどを学校などで広めていくために、講演会などを企画したい」というような感想があった。大人からは「子どもたちは真剣に考えていると感じた」「中高生のすばらしい意見・アイディアをもっと広く募るべき」「若い方は大人の行動をしっかり見ているので、社会全体でごみを出さない工夫をしていくことが必要だと思った」という感想があった。第6回の会議中、大人は終始笑顔で会議に参加していたことが印象的であった。

(中高生と大人が話し合っている様子　筆者撮影)

4. 条例づくり

(1) 自治基本条例の策定　東京都新宿区

　東京都新宿区は、人口（住民基本台帳人口）342,258 人（平成 30 年 3 月 1 日現在）第一次産業 0.1％、第二次産業 10.9％、第三次産業 89.1％で第三次産業従事者が圧倒的に多い、都市型の産業構造である。大企業の本社が置かれていることが多く、平成 17 年夜間人口は 305,716 人、昼間人口は 770,094 人[61]のように、昼間人口と夜間人口の差が大きいことも特徴である。また、外国人住民は 42,170 人（2018 年 3 月 1 日現在）で住民の約 12.3％、131 の国から来ている[62]。財政力指数は他の自治体とは算出方法が異

---

[61] https://www.city.shinjuku.lg.jp/content/000087561.pdf

なる[63]が、2015年では0.62（東京都財政力指数1.00321）である。（新宿区ホームページより）

新宿区

① 新宿区の自治基本条例制定の概要

　新宿区では、2008年から2011年までの約3年、自治基本条例案の策定に取り組んだ（2011年10月可決）。素案策定にあたって、区民、議会、行政それぞれが検討会議を設置し、それぞれの検討会議から代表者6名ずつと学識経験者1名の検討連絡会議（19名）を意思決定機関として条例素案を作成した。それぞれの検討会議を並行して進め、その検討会議での結論を検討連絡会議に持ち寄って話し合った。そこで持ち帰ることとなった検討課題、新たに提案された事項等について、母体となる検討会議で話し合い、再び検討連絡会議で話し合うというプロセスで進んだ。

② 区民検討会議の進め方

　区民検討会議は、検討連絡会議とは別の学識経験者1名、地区協議会[64]の代表10名、NPO連絡会議の代表3名、町会の代表3名、公募委員16名、合計33名で構成された。区民検討委員の公

---

[62] http://www.city.shinjuku.lg.jp/content/000233312.pdf
[63] 特別区の財政力指数は東京都の算出に基づいており、他団体とは算出方法が異なる。特別区財政調整交付金の算定に要した基準財政需要額及び基準財政収入額を基に算出している。（www.soumu.go.jp/main_content/000391566.pdf より）
[64] 2003年に新宿区で「課題別地域会議」が住民主体で立ち上がり、地域の課題解決に向けて議論がなされた。その後、平成17年に実践するための地域組織として、特別出張所ごとに「地区協議会」が設置された。地区協議会は新宿区内を10地区に分け、町会・自治会、青少年育成会・PTA・民生員・NPO等の地域活動団体と公募の委員で構成されている。地区協議会の活動は、地域によって異なっている

（図　自治基本条例案作成の仕組み）

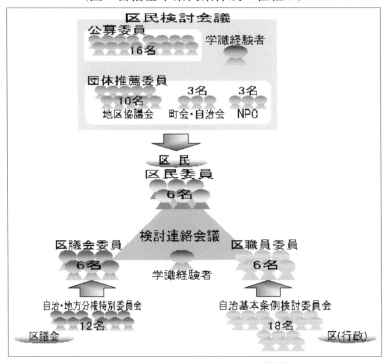

（新宿区ホームページより）

募にあたっては、広報等で行なうとともに、新宿区内の支所を単位とする10地区で地域懇談会を開催し、議会代表、行政の事務局が区民に向けて説明・募集を行なった。公募の市民について、定員は16名であったが、16名を超える応募があったため、年齢・性別を考慮の上抽選とした。このため、年齢では20代、30代、40代の市民が参加し、女性も33名中9名（約27％）であった。

　区民検討会議は全59回、その他に区民検討会議の進め方や検討事項などを企画する運営委員会が62回開催された。また、自

治基本条例の前文検討チームとしてワーキンググループが5回の検討を重ねた。

　区民検討会議の進め方は、盛り込みたい項目を出し、その項目ごとに少人数のグループでのワークショップでアイデアを出すブレーンストーミング、これをまとめたものを次の区民の検討会議に提出し、全体での話し合いを重ねて合意を形成した。ワークショップでは、運営委員[65]がテーブルのファシリテーターを務め、模造紙と付箋紙を活用する方法で行った。全体での話し合いでは、壁に模造紙を貼って出された意見を書き留める、ホワイトボードで説明や検討の過程を見える化する2つのツールでファシリテーション・グラフィックを行いながら進めた。特に、一つ一つの文言が重要である条例を創っていくということで、進行するファシリテーター、ファシリテーション・グラフィックも参加者に文言の確認をしながら進めた。決定事項がより強調される様に工夫した。

　全体での話し合いでは、多数決はしないというルールの下、納得が得られるまで熟議を尽くして合意を形成した。

　この他、区民検討会議のメンバーが中心になって区民に説明した中間報告会、骨子案ができた際には区民討議会を行い、区民の参加、区民の意見収集にも努めた。区民等議会は日本初の自治体が主催するプラーヌンクス・ツェレという手法で行った。このプラーヌンクス・ツェレは、4人一組でグループを作り、1つの項目について行政からの説明と区民の話し合いを行うというプロセスを一単位として、項目ごとにメンバーを入れ替えながら意見を

---

[65] 運営委員は、区民検討会議が始まって3か月ほど経過した頃に他薦で11名ほど選出された。運営委員は、主に区民検討会議終了後、次回の会議の進め方やポイントなどを話し合った。後に運営委員の中から検討連絡会議に参加する世話人6名を選出した。条例素案作りが佳境に入ってくると土日の昼間に運営委員会が開催されることもあった。

収集していった。最後に、どのような意見がだされたのかについて発表を行い、参加者間で共有をした。

この他、地域ごとに地域懇談会、アンケート、パブリックコメントなど多様な方法で区民の意見を収集し、条例に反映させた。（図　筆者作成）

合計で126回の話し合いを行った成果として、条例制定後も区民検討会議のメンバーに新たなメンバーを加えつつ「自治基本条例を考える会」が自主的に発足した。制定後も条例の検討や事業の進捗状況などを話し合っている。条例を核として、まちをより良くしていこうというコミュニティができ、対話の場によって継続しているといえる。

(2)　子ども条例の策定　愛知県幸田町

愛知県幸田町は、愛知県の中南部に位置している。人口41,274人で、2015年決算では、第一次産業4.3％、第二次産業45.9％、第三次産業49.8％と第二次産業の従事者が多い。これは、自動車

新宿区自治基本条例策定への区民参加の流れ

地域懇談会広報（公募委員の募集）	区民検討会議による条例案検討	中間報告会（区民の質問、意見の収集）	区民討議会（条例骨子案に対する意見収集）	パブリックコメント
H20.5	H20.7〜	H22.1	H22.6	H22.7

H21.2〜　子案検討連絡会議による条例骨子案検討

関連の工場を抱えておりその従業員が多く雇用があること、固定資産税の割合も高いことから不交付団体となっている。現在は、さらなる企業誘致に力を入れている。他の自治体、大学との連携を図り、まちの活性化を図っている。財政力指数は 1.17（愛知県は 0.92052）[66]。

① 子どもの権利に関する条例の概要

「子ども条例」の類型には、表のように「子どもの権利型の条例」「健全育成型の条例」「子育て支援型の条例」がある[67]。幸田町は「子どもの権利型の条例」を制定した。

子どもの権利型は、子どもの社会参加を特徴としている。社会参加は、子どもの自己肯定感（self-esteem）につながり、子どものエンパワメントを支援するような内容が求められる。「子どもの自己肯定感は、子どもの生きる意欲や学ぶ意欲、参加（人と関わる）意欲、そして苦境に立った際はこれを乗り越える力、立ち直る力の源泉となっている[68]という理由による。

子どもの権利条例を制定するにあたっては、子どもの権利とは何か、どのようにしたら実現できるのかについての子どもたちの事前の対話を必要とする。したがって、条例を定めるプロセスでも、子どもの参加、地域のかかわりは欠かせないものとなる。条

---

[66] http://www.soumu.go.jp/main_content/00476292.pdf
[67] 喜多明人（2008年）p6
[68] 喜多（2008年）p7

(表 子ども条例の類型)

	主とする内容
子どもの権利型	子どもの権利条約日本批准を受けて、これを地域の子ども施策に活かし、子ども支援をはかる
健全育成型	従来の青少年育成条例を引き継ぎつつ、非行対策や有害な環境から子ども保護するための青少年育成施策を推進する
子育て支援型	次世代育成支援育成対策推進方に依拠した行動計画の推進をはかり、子育てに不安を持つ親・保護者などの支援を通じて少子化対策などを進めていく

例の内容でも、子どもの社会参加と地域での活動、地域で子どもを見守ることが必須である。

ただし、どの時点で、どのように参加するのかについては、参加の権利の解釈や自治体で異なっている。

② 骨子案作成の進め方

愛知県幸田町では、2008年から（仮称）幸田町子ども権利条例策定の取組みをはじめた。2008年は、大人（20歳以上）1000人（回収数477、回収率47.7％）、小学校6年生386人（回収数375、回収率97.2％）、中学校3年生422人（回収数409、96.9％）にアンケートを行なった[69]。子育ての関係者を集めたグループインタビュー、シンポジウムにおいて大人の意見を集めた。グループインタビューでは、参加者からの意見の引き出しとまとめ、シンポジウムは参加型として、基調講演の後休憩時間を取り、その間に、会場にいる参加者にあらかじめ配布しておいた用紙に質問事項や意見などを記入して集めた。これらをステージ上のパネルにグルーピングしながら貼り、パネルディスカッションに活用した。

---

[69] 幸田町報告書1（2009年）より

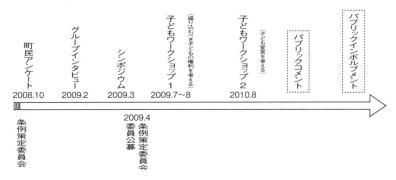

子どもの権利に関する条例　住民参加状況

2009年には、夏休みを利用して、町内の各小学校（子供会）・中学校・高校を回り、子どもワークショップを行い、子どもたちの意見を集めた。小学生には、どんな学校が良いか、どのように学びたいかに絞ってワークショップを進めた。中学生、高校生には、子ども条約から考える子どもの権利、身近な子どもの権利についての話し合いをした。

条例策定委員会を設置して、子どもワークショップの意見を取り入れつつ条例素案を作成した。条例策定委員会は、委員長、民生委員、人権擁護委員、子育て支援、体育委員、PTA連合会会長、町子ども会連合会会長[70]、公募委員の合計13名で構成されている。

条例とは別に、「（仮称）子ども宣言」を作成し、町内に周知させる取組みを行なった。この「（仮称）子ども宣言」においても、子どもたちへの訴求力を考えて、町内の中学生・高校生による宣言文を考えるワークショップを行なった。このワークショップで

---

[70] 子ども会連合会会長は、40代男性、サラリーマンであるが、子どもの権利に関する条例ということ、シンポジウムでパネリストとして参加した責任感等の理由で、毎回、仕事を休んで出席した。

(中高生で子ども条例の標語を検討　幸田町提供)

(小学生へのヒアリングの様子　幸田町提供)

は、町内の各中学校と高校で子どもの権利についての紹介と標語を考えてもらい、学校ごとにいくつかの標語を選出。選出された標語を持って各学校から2～3名の参加を得て、学校と年代を超えて話し合った。アイスブレイクとして共通点探しをし、各権利の標語を考え用紙に記入。全員で対話しながら標語を決めていった。このとき、高校生からは「中学生は、そう思うことはわかるけれど、高校生になるとそうはいかないことがある」「高校生はそう言うけれど、この条例は小学生も見るのだから、もっと簡単な言葉のほうがいいのでは」というようなお互いの立場の理解を示しつつ、自分の意見を主張していたことが印象的であった。

おわりに

　本書はファシリテーションのスキルの中で多くを占めるコミュニケーションスキルを抜き出して構成した。これらのスキルは、対人関係を必要とする様々な場面で使われる根幹となるスキルであり、アクティブラーニング（能動的学習）にも活用する基本的なものである。

　ファシリテーションは、コミュニケーションを促進し、成果に向けて適切なプロセスを描き実行していくことである。レヴィンの言うように、集団的決定は忘れにくく行動として定着しやすい。

　ワークからの気づきは集団的コミュニケーションの中で各人が獲得したものである。第2章アイスブレイクから第5章対話までのふりかえりシートを読み返すと、コミュニケーションのスキルが少し身についたと思えるのではないだろうか。実際に、アイスブレイクの頃のふりかえりシートと比べると、ずいぶんとコメントの仕方と内容が変わってくることがある。自分の気持ちを深く内省し、活用する場面なども想定しながら記入するように設定した。コミュニケーションに対するスキルだけでなく、意識にも変化が起こっているだろう。コミュニケーションの重要性に気づき、どこかで実践できるものと推察している。

　この本を手にした方はぜひ、ふりかえりシートを記入していってほしい。後日読み返したときに、自分の成長を知ることができるはずである。コミュニケーション力やレベルを数値で測ることは難しく、自身のスキルアップや成長などを実感する機会は少な

い。記入したふりかえりシートを比較することが一つの手段となるだろう。同じワークをしてもそのときの気持ちや感じ方、ワークから発展して考えることなどは異なるだろう。その違いも楽しんでほしい。違いを前提としているのは、他人とだけではなく、自分自身であっても「違って当たり前」なのだ。

　その違いを前提として自分と他者がお互いを尊重することを、コミュニケーションのマインドとして持っていると寛容になり対人関係が楽しくなってくる。

　ファシリテーターの仕事では、プロセスをデザインするとき、コミュニケーションをどのように促せば目指す目標に行きつくのだろうか、参加者が自分ごととして捉え、話し合いの後の行動につながっていくだろうかということを念頭にしている。その中で、ファシリテーターだけではなく参加者のコミュニケーション力は話し合いの結果の深さや実現可能性についてまで幅広い範囲で影響がある。

　今後の課題として、次世代を担う子どもたちにコミュニケーション力を向上させていってほしいと願っている。楽しみながら考え、意見を交わし、行動していける自立した個が多数存在することが必要なのではないだろうか。それは、OECDがPISA（学習到達度テスト）調査をはじめた目的でもある。そのためには、どのような方法があるのか、また、できるのかを模索しながら進めていきたい。

　もう一つは、グローバルなサイズでの多文化共生だけでなく、ローカルなサイズである地域の中でも多文化共生を実現させていくことである。そのためには、対話で歩み寄ることが有効ではないかと考えている。グローバル化に伴い、日本人が外国に出ていくだけでなく、日本に来てくれる、住んでくれる外国人もいる。言語だけではなく、生活のスタイルから文化や背景まで異なるコ

ミュニティから来た人たちとどのようにコミュニケーションをとっていけば、その地域のみんなが幸せに暮らせるのだろうか。子どもたちが日本にいて良かったと思えるようになるのだろうか。学校ではアクティブラーニングが始まり、地域やまちの中でも今まで以上にファシリテーション力、コミュニケーション力が求められる。そこに、少子高齢化に悩む日本の将来を明るいものにする処方箋がある。

参考文献

阿部博人「ハードからソフトへ、ソフトからハートへ」「公共施設マネジメント vol.11 2014 秋号」（2014）公共ファイナンス研究所

香取一昭、大川恒（2011 年）『ホールシステム・アプローチ』日本経済新聞出版社

北川達夫（2010 年）『不都合な相手と話す技術』東洋経済新報社

倉八順子（2016 年）『対話で育む多文化共生入門』明石書店

斉藤孝（2004 年）『コミュニケーション力』岩波新書

高尾隆、中原淳（2012 年）『インプロする組織』三省堂

多部田憲彦（2013 年）『誰でもデキる人に見える図解 de 仕事術』明日香出版社

暉峻淑子（2017 年）『対話する社会へ』岩波新書

野村恭彦（2012 年）『フューチャーセンターをつくろう』 ダイヤモンド社

林加代子（2016 年）「多様な参加者がつくる合意形成」『生活経済政策 No.237』生活経済政策研究所

林加代子（2017）「自治体が直接雇用するファシリテーターの効果」『地域社会デザイン研究第 5 号』愛知学泉大学、地域社会デザイン総合研究所

平田オリザ（2012 年）『わかりあえないことから』講談社現代新書

アニータ・ブラウン、デイビッド・アイザック（著）香取一昭、川口大輔（訳）（2007 年）『ワールド・カフェ』ヒューマンバリュー

クルト・レヴィン（著）猪股佐登留（訳）（1956 年）『社会科学における場の理論』誠信書房

ケネス・J・ガーゲン（著）東村知子（訳）（2004年）『あなたへの社会構成主義』ナカニシヤ出版

ダイアナ・ホイットニー、アマンダ・トロステンブルーム（著）ヒューマンバリュー（訳）（2006年）『ポジティブ・チェンジ』ヒューマンバリュー

デヴィッド・ボーム（著）金井真弓（訳）（2007年）『ダイアローグ』英治出版

トニー・ブザン、バリー・ブザン（著）神田昌典（訳）（2005年）『ザ・マインドマップ®』ダイヤモンド社

ハリソン・オーエン（著）ヒューマンバリュー（訳）（2007年）『オープン・スペース・テクノロジー』ヒューマンバリュー

パトリシア・ライアン・マドソン（著）野津智子（訳）（2011年）『スタンフォード・インプロバイザー』東洋経済

マーヴィン・ワイスボード、サンドラ・ジャノフ（著）香取一昭、ヒューマンバリュー（訳）（2009年）『フューチャーサーチ』ヒューマンバリュー

著者略歴

中央大学法学部卒業、岐阜経済大学大学院修士課程修了、帝塚山大学大学院博士後期課程単位取得退学（経営学修士）。

トヨタ自動車工業勤務を経て 2005 年まちづくりのサポート会社、ソーシャル・アクティ（http://social-acty.com）代表取締役。

各自治体でのファシリテーター、コンサル業務等を行う。

愛知学泉大学地域社会デザイン総合研究所客員研究員、現代マネジメント学部、家政学部各非常勤講師。名古屋工業大学大学院実務型教員。

研究分野は、地方自治論、市民参加、まちづくり。

著書に「多様な参加者がつくる合意形成」『生活経済政策 No,237』生活経済研究所（2016 年）、「自治体が直接雇用するファシリテーターの効果～氷見市のヒアリング報告」『地域社会デザイン研究』第 5 号（2017 年）、「住民意識調査の分析における課題の顕在化について～愛知県武豊町を事例として」『地域社会デザイン研究』第 4 号（2016 年）、「避難所運営ゲームの効果～コミュニケーションの向上に関して～」『地域社会デザイン研究』第 3 号（2015 年）、「コミュニティ再生ツールとしての地域通貨」『文化政策研究』第 1 号日本文化政策学会（2015 年）など。

参考 URL

多様な市民とつくる合意
コミュニケーションとファシリテーションのレシピ

発行日	2018年6月26日
著　者	林　加代子Ⓒ
イラスト	林　弥生
編　集	イマジン自治情報センター
発行人	片岡　幸三
印刷所	倉敷印刷株式会社
発行所	イマジン出版株式会社

〒112-0013　東京都文京区音羽1-5-8
電話 03-3942-2520　　FAX 03-3942-2623
HP　http://www.imagine-j.co.jp

ISBN978-4-87299-791-0　C2036　¥1200E